SIENTE
Y DEJA DE SABOTEARTE

Luis Brito y Zaragoza

Método Britto | Siente y deja de saboteate
© 2017 Luis Brito y Zaragoza 1ª edición: enero de 2018.
@ 2026 Luis Brito Zaragoza 2ª edición: junio 2026

Coordinación editorial y cuidado
de la segunda edición: Érika Rod.
Diseño editorial: Ágata Libros

ÁGATA LIBROS
contamoshistorias.com

Disponible en Kindle.

MÉTODO BRITTO

SIENTE Y DEJA DE SABOTEARTE

Luis Brito y Zaragoza

ÍNDICE

PRÓLOGO 11
INTRODUCCIÓN 15

CAPÍTULO I
Las bases de este método están constituidas
por los siete principios de la vida 25

CAPÍTULO II
El proceso a seguir para el autoconocimiento.. 30
Las creencias que sostienen el caos 32
1.   La verdad 32
2.   La justicia 33
3.   La seguridad 33
4.   La autoridad 33
5.   La idea de que las necesidades básicas
       son únicamente materiales 34
El resultado de estas creencias 34
¿Qué sucede cuando se reconoce el caos? 35
Principios de la vida y creencias 37
1) Tocarse es malo 38
2) El dinero asegura el buen vivir 42
3) Umbral alto del dolor 47

Actitud ante la vida desde las creencias
o desde los principios 51
1. Liberarnos de la verdad 51
2. Liberarnos de la creencia de la justicia 55
3. Liberarnos de la creencia de la seguridad 57
4. Liberarnos de la creencias de autoridad 61
5. Liberarnos de la idea de que las necesidades
   básicas son lo material 65

¿Por qué liberarse de estas cinco creencias? 69
Contra la verdad: experiencias dinámicas y
cambiantes 69
Contra la justicia: una solución que unifique
bajo el principio de causa y efecto 70
Contra la seguridad: la espiritualidad 70
Contra la autoridad: la autonomía 71
Contra la creencia de que las necesidades
básicas son lo material: cambiar a la salud
integral 72

Sensaciones que brotan de los siete sentidos ..73
Respiración 73
Motricidad 74
Los siete sentidos 75
Sentido de la vista 75
Sentido del olfato. 78
Sentido del gusto 83
Sentido del oído 88
Sentido del tacto 92

Sentido del equilibrio 95
Sentido de la posición 99
El trabajo con los sentidos 102
Sensación y sentimiento 113
En síntesis 116

CAPÍTULO III
ES LA HORA DE APRENDER 118
Entender el lenguaje afectivo 118
Definición de afectividad 119
El lenjuage afectivo (fig. 1) 122
Actitudes ante la vida 123

Los ocho pecados capitales y los
sentimientos aviso 123
La envidia o codicia 126
La ira 127
La lujuria y la gula 128
La soberbia 129
La acedia 131
La pereza 132
La avaricia 133
En síntesis 135

Las 8 virtudes o formas de vida consciente .136
a) Planteamiento de la cultura de la obediencia
.... 136
b) Planteamiento en una visión desde la
conciencia 137

Procesos del pecado hacia la virtud 138
En sítesis 144
Generación de energía y vitalidad 145
1. La vitalidad como sustento del lenguaje afectivo 145
En sítesis 145
Tabla de conceptos (fig. 2) 152
2. Aprender a interpretar los sentimientos aviso 154
Sentimientos aviso (Fig. 3) 159

CAPITULO IV
¿CÓMO NOS AUTOCONOCEMOS?

¿CÓMO NOS AUTOCONOCEMOS? 160
1. Apropiación de los sentimientos aviso 161
2. Experiencia de la tranquilidad 163
3. Crear conciencia de vivir en la alegría 164
4. La frustración como efecto del querer 165
5. Lenguaje afectivo 166
6. La educación de la afectividad 168

Los sentimientos como formas de acción en el proceso de aprender a vivir 170
1. El dolor: un sentimiento aviso y manifestación de la conciencia 171
2. El miedo: un sentimiento aviso 175
3. La prisa: un sentimiento aviso 178
4. El cansancio: un sentimiento aviso 182

5. La angustia: un sentimiento aviso 187

6. El enojo: un sentimiento aviso 191

Los sentimientos como instrumentos para autoconocernos 195

7. Sentimiento de la tranquilidad: La luz de nuestra naturaleza 195

8. Sentimiento de la armonía: Una experiencia de conciencia mediante la comunidad 198

CAPITULO V

Pedagogía 204

Instrumentos 205

a) Espacio de trabajo 206

b) Trabajo corporal y conciencia afectiva 207

c) Acompañamiento y orientación 208

Cómo educar la afectividad 210

Filosofar, autoconocimiento, tiempo y espacio 218

¿Qué significa filosofar? 218

¿Qué significa autoconocerse? 219

La experiencia del tiempo y el espacio 220

Espacio 221

Tiempo 222

Sobre el autor 224

PRÓLOGO

Montserrat Brito Rocha

Crecí escuchando "es importante autoconocerte".

Vi a mi padre ir cambiando y encontrando su camino en educación y desarrollo humano, desde darle mucha importancia a que sus hijos aprendiéramos a analizar y tener su propio criterio, hasta pasar con los años a ejercicios para los sentidos y la importancia del sentir.

Ese fue el mundo en el que crecí.

Mi padre estuvo en el seminario de jesuitas, donde estudió filosofía, teología y sociología. Esa formación le dio una mirada profunda sobre el ser humano, la conciencia, los vínculos y la manera en que habitamos la vida. Con los años, toda esa búsqueda se transformó en una visión muy particular: comprender que no basta con *pensar* la vida, también hay que *sentirla*.

Durante mucho tiempo creí que comprendía todo aquello, que lo tenía en la sangre, pero no. Eran solo teorías, creencias sumergidas en el fondo de mi cerebro. El cuerpo habla otro idioma. Estaba dividida: una cosa era mi mente y otra el cuerpo con el que salía a correr o nadar por las tardes.

Tuve que tomar distancia, recorrer lo aprendido en casa, a mi propia manera, discutirlo, rechazarlo a ratos y, como quien busca una respuesta, la vida me la regaló. Me llevó por el camino de la educación somática y entonces los conocimientos que escuché de mi padre empezaron a decantarse en el cuerpo, a través del movimiento y del sentir. Comprendí la importancia de experimentar.

Como escuché alguna vez en términos de aprendizaje: *si escuchas, olvidas; si lo ves, lo recuerdas; pero si lo haces, lo comprendes.*

Así, desde la experiencia corporal comprendí que el lenguaje del cuerpo no es la palabra, sino el sentir, el movimiento y las sensaciones; y que desde ahí interpretamos la vida y le damos nombre a aquello que nos sucede. Comprendí también que todo está conectado: las creencias, la imaginación, las sensaciones, la forma de moverme y de relacionarme.

Entonces comencé a apropiarme de aquello que hablaba mi padre cuando era niña: el autoconocimiento como llave hacia mi libertad.
Y continúo en ello.

"Cuando prestas atención, aumentas tu sensibilidad, al aumentar tu sensibilidad podrás notar pequeñas diferencias, al notar pequeñas diferencias, podrás elegir entre múltiples opciones y cuando puedes elegir empiezas el camino hacia tu propia libertad".
— Moshe Feldenkrais

La propuesta de Luis Brito es: "siente, experimenta y luego hablamos". Ningún método es eficaz si lo dejas solamente en manos de quien lo desarrolla. Yo te invito a que aquello que leas, lo vivas, lo respires dentro de ti.

El objetivo de este libro no es darte respuestas cerradas, sino ayudarte a comprender el mundo del sentir; el trabajo con los sentidos y apropiarnos de las leyes de la naturaleza, porque es desde ahí que podemos crear vínculos más profundos con nosotros mismos, con los otros y con la vida. Quizá el verdadero legado de mi padre sea ese: que cada quien aprenda a habitarse.

Los Galvanes, San Miguel de Allende.
Junio de 2026.

INTRODUCCIÓN
Luis Brito

Quisiera iniciar definiendo lo que entiendo por autoconocimiento, ya que es un término medular en el método que ahora presento. El autoconocimiento es la necesidad de comprender la vida con base en los principios que la sustentan, mediante el lenguaje afectivo, siendo una actividad de por vida.

A esta guía que ahora les comparto en este libro le he dado el nombre de *Método Britto*, con doble t (de *todos*), como reconocimiento a la colaboración de infinidad de personas que, directa o indirectamente, a lo largo de más de cuarenta años, han participado en la configuración de este modelo de autoconocimiento.

Esta búsqueda inició, en mi caso, desde lo religioso y estuvo a punto de llevarme a abandonar la fe cristiana al experimentar el vacío de una religiosidad que me llevaba a un planteamiento ritual y de beatería. Para ese entonces ya había comprendido uno de los principios ignacianos: el de no actuar hasta no tener claridad y, para ello, es necesario pedir la luz de Dios.

Durante ese caos, como en muchas otras ocasiones, se manifestó el Espíritu Santo con su luz al tener contacto con el padre José Magaña, quien me mostró la historia de la salvación y, con ella, la dimensión de la espiritualidad. De ahí en adelante comprendí que el reconocimiento del caos es fundamental para solicitar la luz de Dios y aprender a vivir como hijos de Dios.

Más adelante, el exjesuita Julio Sahagún de la Parra me develó lo que era existir en la conciencia, ya que hasta ese momento la misma espiritualidad que intentaba vivir estaba atrapada en los conceptos, en la razón, en los juicios, en las ideas y en los sentimientos provocados por el pensamiento.

La orientación de Julio me permitió descubrir el engaño de estar atrapado por las creencias que me aislaban de la realidad y, sobre todo, de mi propia vida, al estar enfocado en servir a las demás personas a partir del hacer y el tener que rigen la vida cotidiana, llevándome a ignorar mi ser.

Ahí nació la necesidad de autoconocerme. Para lograrlo necesitaba definir un método, en el cual Julio me aportó la importancia de educar los cinco sentidos para aprender realmente a sentir, ya que la vida y la experiencia de Dios se perciben.

Este aprender a sentir, que demanda la educación del lenguaje afectivo, se fue configurando con la interacción de muchos matrimonios y parejas de León, Irapuato, San Luis Potosí y Aguascalientes, quienes, con su participación, contribuyeron a la elaboración de este material que ahora les presento.

Este método es un sistema educativo para aprender a autoconocerse, el cual se sustenta en los principios de la vida y el lenguaje afectivo. Se conforma por una serie de prácticas psicofísicas y espirituales que conducen a la conciencia; así que, más que un método, podemos decir que es una forma de vida.

¿LA VIDA ES ENERGÍA O MATERIA?

Si nos reconocemos como seres eternos y tomamos conciencia de que la existencia es energía que le da vida al cuerpo, podremos ver que es una idea más bien contraria a lo que hemos aprendido. Estamos sumergidos en una cultura que le ha dado más importancia a la materia, privilegiando aquello que puede tocarse, verse, explicarse o verificarse.

Tanto el mundo emocional como el espiritual perdieron su valor; se ridiculizan las emociones y las creencias del espíritu, dándole fuerza a otras ideas que se identifican como "verdad", negando la capacidad de estar en contacto con la realidad dinámica y cambiante del ser.

Desde esta óptica entendemos que para nuestra cultura nacimos para trabajar y no para entender lo que significa vivir; de modo que se niega la necesidad de autoconocernos y nos obliga, en cambio, a vivir bajo la regla del hacer para tener (a trabajar y a ser productivos para ganar dinero y obtener bienes y seguridad), resaltando el valor del cuerpo, es decir, de la materia, como fundamento de la salud y de la vida.

De esta creencia se desprende el miedo a la muerte como si fuese algo antinatural y no simplemente la separación del cuerpo o materia, ignorando que es una ley de la vida.

No se trata de negar la maravilla del cuerpo, sino de entender su función e interacción con la totalidad de la existencia, que comprende cuatro características humanas: el área física, la emocional, la espiritual y la conceptual.

Si no consideramos todos estos componentes de la vida, comprenderemos por qué vivimos enfermos, al ignorar la totalidad de nuestro ser, que es más energía que materia.

La gran limitación de poner la atención solo en la materia y ver desde esa dimensión la salud rechaza la realidad de que somos seres eternos que trascienden, gracias precisamente a que somos más energía que materia.

Es urgente liberarnos de esa atadura aceptando la necesidad de autoconocernos, de poder llegar a la respuesta de quién soy, iniciando un proceso autoeducativo para reconocernos como una totalidad en donde la energía es la que determina la vida, ya que la energía genera la materia.

Empezar a priorizar las áreas de la energía, como son el lenguaje emocional y espiritual, es necesario a fin de lograr un lenguaje conceptual que brote de la experiencia y no de las creencias.

Al poner la atención en el lenguaje emocional y espiritual, nos será fácil darle orden y fluidez al área física y ver con claridad la importancia de los "ocho errores capitales" que han anidado en nuestra cultura.

Al comprenderlos, se abrirá el camino para liberarnos y realmente poder vivir desde la energía, que nos da tranquilidad y armonía, y no en la materia, donde se le otorga valor al dinero, al prestigio y a la seguridad, generando estrés, angustia y ansiedad.

El trabajo de autoconocimiento de "los ocho errores capitales" nos lleva a:

1. Pasar de la soberbia, que nos atrapa en la verdad sustentada en las creencias que nos encarcelan en nuestros propios pensamientos, a vivir con ligereza y flexibilidad ante una realidad dinámica y cambiante. Por esta razón, necesitamos fortalecer la actitud del aprendiz, a fin de poner la atención en aprender a vivir con ligereza, liberándonos del estrés de darle más valor a lo que hacemos por encima de la salud. No se trata de despreciar los acontecimientos de la vida, ni el trabajo, ni el esfuerzo; sino situarlos en la temporalidad y verlos como oportunidades para crecer y desarrollarnos, pero no como obstáculos o dificultades.

2. Pasar de la avaricia, que nos lleva a acumular bienes materiales, fincando en ellos la seguridad, a comprender que son instrumentos para nuestro desarrollo, convirtiéndonos en

administradores de ellos, liberándonos así de los apegos materiales.

3. Pasar del rencor, que es un comportamiento autodestructivo, a ver todo acontecimiento como una oportunidad para fortalecer la autonomía. Ver la realidad cotidiana como una serie de oportunidades, nos aleja de todo lo relacionado con el perdón o el trauma porque nos enseña cómo no permitirnos lastimarnos. Todo en la vida son oportunidades para crecer, un constante aprender a vivir en la autonomía, buscando soluciones que nos lleven a la unidad o integración comunitaria.

4. Pasar de la gula a ordenar la alimentación de manera integral, sabiendo que la respiración, la motricidad, la nutrición, el aprendizaje, la amistad, el trabajo de preparación y el disfrute de los alimentos; son los medios para generar vitalidad. Se trata de aprender a armonizar todos los componentes de la nutrición y no generar el impulso de consumir sin límite.

5. Pasar de la lujuria, que nos lleva a ver a nuestros semejantes como objetos, a ver a las personas en toda su dignidad como seres humanos. No se trata de negar el contacto físico; sino de fundamentar las relaciones en el cuidado

y el afecto y tener como resultado el cultivo de la armonía en la amistad o la pareja.

6. Pasar de la envidia o competencia, a comprender que somos seres de comunidad, creados para vivir en paz y armonía. Por esto tenemos la capacidad de escuchar y hablar; a fin de generar la unidad desde la amistad y la amabilidad.

7. Pasar de la pereza a ser creativos, bajo la necesidad humana de crecer y desarrollarnos incrementando nuestra vitalidad.

8. Pasar de la acedia, que es el desprecio de la vida que nos lleva a la decepción y la tristeza de querer solucionar lo que no está en nuestras manos, a tomar consciencia mediante la espiritualidad de que contamos con un padre amoroso y que el Espíritu Santo nos guía, teniendo completa confianza de que todos los planes de Dios se orientan a nuestro crecimiento.

En síntesis, este camino es para aprender a ver la vida desde la energía y ya no desde la materia. Solo desde esta óptica entenderemos la grandeza de la existencia que se finca en el lenguaje emocional. Al comprender la necesidad de aprender a educar el lenguaje afectivo podremos alejarnos de formas de vida que nos llevan a la enfermedad o autodestrucción como el dolor, el miedo, el cansancio, el enojo, la prisa y la angustia, transformando nuestra existencia en un aprendizaje permanente con armonía, tranquilidad y alegría.

Luis Brito
Los Galvanes, San Miguel de Allende

CAPÍTULO I

*Las bases de este método están constituidas
por los siete principios de la vida*

El ser humano cuenta con principios que sustentan su existencia. Necesitamos apropiarnos de ellos para aprender a vivir ya que, como personas y a diferencia de los animales, necesitamos asimilar y reconocer nuestra naturaleza, misma que se configura en tres dimensiones: el yo individual, el yo social y el yo trascendental, los cuales conforman una sola unidad.

Estos principios de la vida son la base para el autoconocimiento, y se ubican en las tres dimensiones del ser humano.

-   **El yo individual** corresponde al cuidado de nuestro cuerpo.

- **El yo social** compete al ámbito de la interacción con la comunidad y la naturaleza que nos rodea.

- **El yo trascendental** que pertenece a la vida espiritual y a la aceptación de que somos seres eternos.

Los tres primeros principios pertenecen a la dimensión del yo individual y son los siguientes:

1) *Motricidad y respiración*

Necesitamos aprender a respirar y a mover nuestro cuerpo, de tal manera que se genere vitalidad y, sobre todo, logremos establecer una perfecta conexión con el cerebro, a fin de que nos cuide dando aviso mediante molestias que nos alejen de vivir en el cansancio o agotamiento, pero de manera esencial para realmente "sentir" y no "inventar" los sentimientos.

2) *Alimentación*

Nuestra alimentación debe estar sustentada en la nutrición, para lo cual necesitamos educar los sentidos del gusto y el olfato, y así comenzar a escuchar a nuestro cuerpo para aportarle la energía que nos demanda.

3) *Aprender a vivir*

Este principio está orientado al autoconocimiento, con la finalidad de entender nuestras cualidades pero, sobre todo, a identificar el lenguaje afectivo como el medio por el cual el ser humano escucha a su naturaleza, obteniendo un sentimiento de serenidad.

Los principios 4 y 5 sustentan el desarrollo del yo social, y nos llevan a reconocernos como seres de comunidad.

4) *Amistad*

La acción mediante la cual se desarrolla nuestra socialización y se generan las relaciones. Es el medio que nos permite autoconocernos como seres únicos, irrepetibles y autónomos en interacción. Es donde experimentamos el afecto y el cariño de y hacia las demás personas.

5) *Creatividad o trabajo*

Este principio fortalece la conciencia de pertenecer a una comunidad, al experimentar la necesidad humana de aportar las propias cualidades para el crecimiento de la sociedad. La creatividad es un instrumento para nuestro desarrollo individual y colectivo.

Los principios 6 y 7 pertenecen a la dimensión del yo trascendental.

6) *Vida interior*

Se refiere a la toma de conciencia de las personas autónomas, integralmente hablando. Es descubrir que la vida está en nosotros, con lo que se elimina la necesidad de ser aceptados o reconocidos. Es ver la grandeza de la vida en su dimensión eterna. Como decían los prehispánicos: nuestro paso por esta tierra es un proceso de vida/nacimiento.

7) *Sabiduría*

Es el nivel de plenitud de nuestra naturaleza. Al vivir bajo estos principios podemos disfrutar la existencia, reconociéndola como un proceso en movimiento que nos lleva, en forma de espiral, a un constante crecimiento y desarrollo de la vida espiritual. Es aceptar que la energía determina la materia, valorando la interacción con la divinidad.

SIETE PRINCIPIOS DE LA VIDA

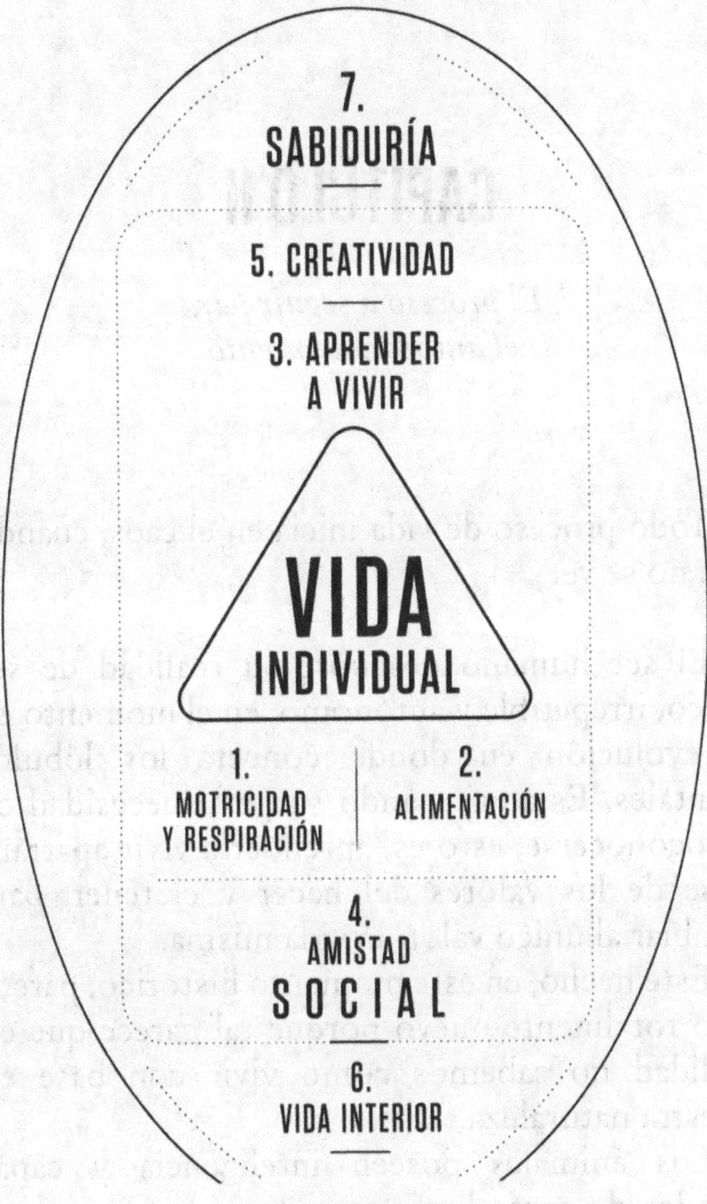

CAPÍTULO II

*El proceso a seguir para
el autoconocimiento*

Todo proceso de vida inicia en el caos, cuando aún no se ve.

El ser humano descubre su realidad de ser único, irrepetible y autónomo, en el momento de la evolución en donde conecta los lóbulos frontales. Es aquí cuando surge la necesidad de autoconocerse, esto es, aprender a vivir apartándose de los valores del hacer y el tener, para cambiar al único valor: la vida misma.

Este hecho, en este momento histórico, parece algo totalmente nuevo porque tal parece que en realidad no sabemos cómo vivir con base en nuestra naturaleza.

Los animales poseen inteligencia y capacidades de aprendizaje, pero no necesitan clarificar la naturaleza que les fue otorgada, a diferencia del ser humano, a quien se le otorga la vida y debe apropiarse conscientemente de ella. Por esta diferencia hablamos de que partimos del caos, de desconocer nuestra propia identidad, y de que tendremos que identificar nuestras cualidades e incluso nuestra identidad sexual o de género, respecto a cómo nos sentimos en relación con nuestro ser biológico y/o social.

El punto de partida del autoconocimiento está, precisamente, en la ignorancia, en el caos del desconocimiento. Nuestras creencias nos ordenan (como se ordena el mundo material, social y exterior) pero no nos ordenan interiormente (porque cada uno somos únicos, autónomos e irrepetibles), de modo que nos llevan a un nivel en el que no nos damos cuenta de que nos ignoramos como seres humanos y en cambio estamos completamente orientados hacia el exterior, es decir, al mundo material.

Esta orientación a lo material la vemos reflejada en la sociedad: nos habla del éxito, de las expectativas y deseos que se fundan en el hacer para tener, ignorando el valor de la salud integral, de la vida interior, haciendo parecer que todo se soluciona con dinero —como el Dios que rige a la sociedad actual—, aceptando y justificando que la necesidad de tenerlo nos lleve a sacrificar y desgastar el cuerpo y la mente, al grado vivir en la ansiedad, la angustia y la enfermedad.

Pero ¿qué es lo que nos tiene atrapados en el caos y no vemos? La respuesta es simple: nuestras creencias.

LAS CREENCIAS QUE SOSTIENEN EL CAOS

Ahora me referiré a cinco creencias culturales que considero medulares y que nos mantienen alejados del autoconocimiento. Estas creencias determinan la manera en que interpretamos la realidad y, sobre todo, la forma en que nos relacionamos con nosotros mismos, con los demás y con la vida.

1. La verdad

Hemos convertido nuestras ideas y conceptos en "la verdad", como si pudiéramos poseerla de manera absoluta. Sin embargo, la verdad pertenece únicamente a Dios o a la divinidad. Cuando creemos tener la verdad dejamos de aprender, de escuchar y de cuestionarnos. Nos volvemos rígidos y terminamos interpretando la realidad desde nuestras ideas y no desde la experiencia viva.

2. *La justicia*

La cultura nos ha enseñado a juzgar antes que a comprender. La justicia, entendida como castigo, nos lleva a buscar culpables en lugar de soluciones. Desde esta creencia vivimos comparándonos, defendiendo posiciones y condenando el error, olvidando que el aprendizaje humano surge precisamente de equivocarnos y crecer.

3. *La seguridad*

Hemos aprendido a creer que la seguridad proviene del dinero, de las posesiones, del prestigio o del control. Vivimos intentando asegurar el futuro, ignorando que la vida es dinámica, cambiante e incierta. Esta búsqueda constante de seguridad genera miedo, ansiedad, angustia y tensión permanente.

4. *La autoridad*

La autoridad ha sido identificada con las personas y no con las leyes de la naturaleza o de la vida. Por esto delegamos nuestra conciencia en líderes, maestros, instituciones o figuras de poder. Dejamos de escucharnos a nosotros mismos y perdemos la capacidad de construir un criterio propio que nos permita autoconocernos.

5. *La idea de que las necesidades básicas son únicamente materiales*

La cultura nos ha convencido de que lo fundamental es producir, tener, consumir y acumular bienes. De esta manera reducimos la existencia al mundo material, ignorando nuestras necesidades emocionales, espirituales y afectivas. Vivimos para trabajar y no trabajamos para vivir.

EL RESULTADO DE ESTAS CREENCIAS

Al unir estas cinco creencias observamos cómo se sostiene una vida de desconexión y ceguera. Vivimos hacia el exterior, atrapados en el "hacer para tener", buscando aceptación, reconocimiento y seguridad, mientras nos alejamos de nuestra propia naturaleza.

Las creencias nos aseguran que no podamos ver el caos —desconocimiento— en el que vivimos. Una vida de ceguera en donde no logramos entender los acontecimientos que, claramente, nos hablan de la urgencia de un cambio. Vemos la injusticia, los suicidios, la corrupción, los asesinatos y, sobre todo, las enfermedades y una vida en tensión como algo ajeno, pues la educación tradicional ya se ha encargado de que no podamos cuestionar absolutamente nada que tenga que ver con nuestra existencia.

Esta forma de vida se asemeja a la necesidad que tienen los niños de competir para identificarse o a la del inicio de la adolescencia en la búsqueda de ser aceptados. Por nuestras creencias estamos perdidos, no maduramos y hasta una edad avanzada seguimos buscando la aprobación de los demás. Por eso vivimos en eterna competencia, haciendo que nuestra vida gire en torno del hacer para tener, (que nos lleva al trabajo exhaustivo y a ser productivos para ganar dinero y obtener bienes y seguridad), porque sólo así tendremos una mejor vida.

En este primer nivel, la primera dificultad radica en aceptar que nos desconocemos, ya que, aunque la sociedad en general se da cuenta de que estamos viviendo un momento histórico de caos económico, político, religioso, social, familiar e incluso de pareja; no logramos ver que ese caos está en nosotros.

¿QUÉ SUCEDE CUANDO SE RECONOCE EL CAOS?

Al ver el caos en el que vivimos, nuestra naturaleza demanda la necesidad de vivir en conciencia. Desde luego estoy hablando de un pequeño grupo que ha descubierto que se ignora a sí mismo y que necesita autoconocerse para pasar "de la cultura de la obediencia" a un "despertar de la conciencia", tanto en su yo individual como en el yo social y el yo trascendental.

Para que esto ocurra, es necesario reconocer los principios de la vida, liberándonos de las creencias que la comunidad nos muestra como los caminos a la realización: el dinero, el éxito, el prestigio y la competencia en el rito social; asumiendo como algo natural la enfermedad, el cansancio y el deterioro de la vida.

Esta aceptación de vivir en el error es lo que conocemos como pecado. Y utilizaremos los pecados capitales como punto de partida para autoconocernos, utilizando el término pecado como la definición de "vivir en la autodestrucción".

El segundo nivel nos lleva a la práctica de apropiarnos de los principios de la vida, para ello tendremos que llevar una actividad educativa que nos asegure integrarlas a nuestra existencia.

Estos siete principios, que se mencionaron en el primer capítulo, se vuelven a mencionar aquí con algunas anotaciones más al respecto.

PRINCIPIOS DE LA VIDA Y CREENCIAS

Respiración y motricidad:

Este primer principio nos lleva a aprender no solo a saber respirar, ingresando el aire a los pulmones, así como al diafragma; sino también a mover el cuerpo de tal manera que lo tengamos en equilibrio.

Este primer principio tiene el objetivo de asegurar que el cuerpo esté integrado al cerebro y al corazón. Es aquí en donde nos encontramos con nuestra primera dificultad para autoconocernos, ya que tenemos tres creencias que nos impiden sentir el cuerpo:

1) Tocarse es malo
2) El dinero asegura el buen vivir y
3) Tener alto el umbral del dolor es necesario para enfrentar las dificultades de la vida.

Estas tres formas de ver la vida nos tienen atados de tal manera que no podemos sentir el cuerpo y, por esto, los sentimientos brotan de las ideas.

La clave de este método está *en conectar al cuerpo con el cerebro y con el corazón* para aumentar el bienestar integral. Nuestra realidad muestra que el cerebro y el corazón están ocupados en el hacer y el tener, así como en servir a los demás, buscando seguridad y realización en los bienes materiales, "ignorandonos" de modo que no podemos identificar cuando nos habla el cuerpo mediante las molestias físicas llegando, incluso, a actitudes de la vida que nos autodestruyen como la soberbia, la lujuria o la avaricia.

1) Tocarse es malo

Esta creencia nos impide darle la importancia que tiene el tocar, día a día, nuestro cuerpo, para que el cerebro y el corazón nos avisen de las molestias y así no deteriorar nuestro físico. No se trata únicamente de tocarlo, sino de sentirlo e identificar no solo los huesos, los músculos, la piel o los órganos; también su vibración.

Reafirmamos que el inicio de la toma de conciencia está en sentir el cuerpo, ya que mediante él nos autoconocemos, pues nuestro cuerpo nos habla mediante el lenguaje afectivo.

Este libro comenzó con una pregunta: *¿por qué no logramos hacer conciencia del valor de la vida?* Esta pregunta me llevó, primero, a darme cuenta de que la cultura de la obediencia nos tiene atrapados de tal manera que estamos imposibilitados de sentir.

Pasaron años hasta que me di cuenta que estaba atrapado en los conceptos; inventaba las sensaciones y, por lo tanto, lograba "controlar" mis sentimientos. Necesitaba aclarar el estado de mis emociones y, nuevamente, me tomó años entender el lenguaje afectivo.

El primer paso para despertar fue conectarme con los siete sentidos y tratar de identificar las sensaciones. Sin embargo, no lograba reconocer las sensaciones que debían generarse al utilizar la vista, el olfato, el oído, etc.

Al profundizar los estados emocionales, descubrí que jugaba un papel fundamental el nivel de vitalidad, pues el cansancio es el cimiento de gran parte de los sentimientos desordenados que nos roban energía. De tal manera que, si estaba cansado no lograba identificar las sensaciones del cuerpo, pero en cambio, cuando me sentía descansado, notaba que era imposible enojarme o experimentar angustia.

Ya tenía claro que nuestra relación con la vitalidad influye en nuestra manera de ver la vida, donde las creencias o principios de vida, juegan un papel fundamental. Con este conocimiento entendí que, si no lograba sentir las molestias de mi cuerpo, era por la creencia de que tocarse es malo, ya que era equiparado con masturbarse, como si fuese el error más terrible de la vida.

Si no tocamos nuestro cuerpo aseguramos una desconexión cerebral que nos lleva a poner toda la atención afuera, en el vivir para trabajar y acumular bienes, pues solo así aseguramos una buena vida, ignorando por completo el cuidado del cuerpo.

Esta creencia es semejante a un pulpo cuando se une a otras creencias, como la propiedad, que nos hace pensar, por ejemplo, que puedo hacer con mi cuerpo lo que yo desee; aunado a la creencia de autoridad, que refuerza las dos anteriores. Aseguramos así un total candado para estar ausentes de nuestro cuerpo y, por tanto, negar la posibilidad de sentir las diferentes sensaciones que se generan mediante los siete sentidos.

Necesitaba conectar con mi cuerpo para asegurar un proceso del despertar de la conciencia y con esto poder identificar las sensaciones que nos aportan los siete sentidos.

Hablar de sentir el cuerpo va más allá del tacto, pues este sentido se identifica con la piel, pero no con los cuerpos internos o los huesos, ya que es parte del sistema nervioso del cual también depende el sentido del tacto.

Para lograr esto fue necesario trabajar en ejercicios de respiración y movimientos lentos, a fin de identificar el cuerpo sin necesidad de verlo. Por otra parte, destiné día a día entre tres y cinco minutos para tocarme a diario, en la cama, con los ojos cerrados, identificando los huesos, los músculos, los órganos; intentando así captar no solo su ubicación sino también su vibración; y le daba la orden al cerebro y al corazón de que los cuidara.

Me hacía presente, me hacía tangible.

Así clarifiqué que la toma de conciencia empieza cuando se siente el cuerpo, al identificar la circulación, el corazón, el movimiento digestivo, el respiratorio y sobre todo, el motriz con sus huesos y músculos; esto me dio las bases para que los siete sentidos impriman las sensaciones. Al oír, oler, tocar, degustar para nutrirme, el ver para dejarme impactar por el exterior; estoy asegurando un buen desarrollo del equilibrio y además de mi dimensión social con el sentido de la posición.

De no tomar conciencia del cuerpo, será imposible trabajar con los siete sentidos y mucho menos, alcanzar la conciencia del valor de la vida.

Toquemos nuestro cuerpo, sintamos esta unidad total de nuestra masa corporal ya que, sin ésta, sería como carecer de una pantalla para proyectar la existencia.

2) *El dinero asegura el buen vivir*

Salud, dinero y amor, un dicho popular que asumimos sin analizar. El dinero se fundamenta en nuestra materialidad, en la realidad de que contamos con un cuerpo. La sutileza de esta triada está en la negación de la eternidad, en la realidad de que somos energía materializada; sobre todo, en que somos hijos de Dios, en donde nuestro Padre claramente ha dicho que nos liberemos de las angustias y no nos ocupemos de lo material, ya que Él se encargará y solo nos pide que busquemos su reino. Esto se traduce como comunidad y nos pide hacer su voluntad, que significa amarnos, y todo se nos dará por añadidura (Mt. 6, 25-34).

Necesitamos poner todo el esfuerzo en auto-conocernos y aceptarnos como seres espirituales, es decir, seres eternos, y así cumplir el mandamiento central para vivir en la felicidad: *ámate a ti mismo.*

De este trío de palabras, "salud, dinero y amor", el dinero nos lleva a fincar nuestra seguridad en su posesión y se convierte, a la vez, en el sustento de la ansiedad y la angustia de la sociedad, teniendo como efecto una vida en estado de estrés por la presión de cuidar o conseguir bienes materiales, siendo entonces campo fértil para las enfermedades.

El dinero se convierte así en aquello que atenta contra la salud y el amor. Analicemos, por ejemplo, dos situaciones: por qué perdemos la salud y por qué rompen tantas parejas. ¿No es el dinero una de las causas? A muchos matrimonios los amalgama el dinero. Sus posesiones les permiten evadir el vacío existencial en el que se encuentran, pretendiendo llenarlo mediante objetos, viajes, regalos, comidas, lujos e incluso infidelidades.

La sociedad tiene fincada la seguridad en el dinero y en el ahorro. De aquí la necesidad de una buena pensión, una buena inversión, para no sufrir en la vejez, asumiendo que llegaremos a viejos. Por esto se unen salud y amor a dinero, alejándonos de buscar la sabiduría, la que se aprende al escuchar a nuestra naturaleza y permitirle su constante renovación, a fin de saborear la vida y reconocerla como eterna.

Si nos diéramos cuenta de lo que es la vida en esencia, el trío de palabras que usaríamos sería "autoconocimiento, salud y amor".

La existencia la abordaríamos de una manera diferente, viendo en todo acontecimiento la oportunidad de aprender y crecer, aceptando que no está en nuestras manos el dinero y que los bienes en un instante se pueden perder, por ejemplo, en desastres naturales, como los terremotos, o en accidentes como un incendio.

Por otra parte, sólo está en nuestras manos el generar bienes o servicios, y de la comunidad depende que adquieran o "compren" ese bien o ese servicio que ofrecemos, para obtener dinero.

No se trata de negar nuestra materialidad, sino de aceptar lo que sí está en nuestras manos y así evitar elevar al dinero a un rango de necesidad vital.

El autoconocimiento, en cambio, sí es una necesidad, sí está en nuestras manos y es un medio para crecer en la vida interior, es decir, en nuestros sentimientos, para aprender a vivir en la tranquilidad y la armonía, para disfrutar de la existencia y lograr, al fin, vernos como seres eternos.

Observémonos a nosotros mismos, ¿de dónde viene la pérdida de la salud? ¿Dónde surgen las presiones? ¿Dónde nace el estrés? ¿Por qué aparecen los problemas cardíacos, digestivos? En general, *provienen de la ansiedad y la angustia; sentimientos que brotan cuando queremos controlar lo que no está en nuestras manos.*

Vivir en la ansiedad y la angustia nos hace olvidar que sí tenemos y lo que es verdaderamente valioso: *nuestra salud y la vida.*

Si tenemos desconectado el cuerpo del cerebro y del corazón, estos no lo cuidan ya que estamos orientados a la competencia y a la aceptación; terreno en el que las posesiones y la materialidad se han convertido en las necesidades fundamentales de la vida. "Solo al obtener dinero podremos vivir en plenitud".

El dinero es un medio acertado para el intercambio de bienes o servicios; y no se trata de negarlo, es uh hecho que necesitamos bienes como seres constituidos con un cuerpo. De lo que se trata es de poner en orden lo fundamental y lo secundario, en donde el autoconocimiento, la salud, el amor y la vida eterna, no pueden estar supeditados a un medio como es el dinero.

Cuando el dinero se ha convertido en nuestro dios, claro que lo veremos como fundamental, aunque sea un poco, porque de éste depende la vida temporal, pero nuestra vida es eterna.

Veamos la realidad. ¿En verdad el dinero nos da la vida? O en la práctica, ¿nos quita la salud, la energía, la alegría y hasta el enamoramiento?

¿Cuántos millonarios justifican el divorcio con el argumento de que los querían por su dinero? ¿Cuántos ricos se sienten solos pues sus amistades solo están ahí por sus bienes o fiestas?

Recordemos que históricamente el dinero es una sustitución del trueque. Es un simple medio que parte del intercambio de bienes para colaborar en nuestro desarrollo integral como un elemento más. De aquí la frase: no solo de pan vive el hombre.

¿Cuántas personas se venden sutilmente a otros solo porque tienen dinero, creyendo que de esa manera aseguran la tranquilidad y la felicidad? Tal vez este engaño surge de la experiencia histórica de la escasez y el hambre.

En algunas culturas orientales, al saludarse, en lugar de preguntar "¿cómo estás?", se pregunta: "¿ya comiste?". Esto nos recuerda que, en el fondo, la necesidad primaria no es solo "comer", sino preservar la vida. De esta realidad surge la demanda de alimento.

Trabajemos en la toma de conciencia de ser seres eternos, allí encontraremos la verdadera seguridad y la autonomía.

3) *Umbral alto del dolor*

No somos conscientes del cuerpo porque nos hemos entrenado a no sentir dolor. Tanto el cerebro como el corazón ignoran y no reconocen las molestias, que son el aviso del cuerpo para no lastimarlo.

El cerebro tiene puesta la atención en el hacer y el tener, ignorando al cuerpo debido a las creencias como el valor del dinero para ser aceptado y valorado. Además, creemos que así aseguramos un buen vivir.

Esto, fomentado por las creencias de la verdad, la autoridad, la propiedad y las ideas como la realidad, nos obliga a establecer la vida en el exterior. Sometiendo al cuerpo al esfuerzo e incluso al sacrificio, con tal de obtener bienes materiales o la aceptación de los demás.

Hemos sido educados para dominar el dolor, es decir, para no escucharlo, para mantener el "equilibrio" en la vida; de aquí que no reconozcamos al dolor en niveles prácticamente de sordera, logrando que nos "droguemos" con dopamina o adrenalina, e ignorar así al cuerpo.

Esta educación se sustenta en el valor del hacer y el tener por encima de la vida. De aquí surgen las antiguas creencias de que "llorar no es de hombres" o de que la mujer para ser aceptada por la sociedad debe seguir el principio de "soportarlo todo" hasta que ambos logren elevar su umbral del dolor.

Esta creencia se sustenta tanto en ideas religiosas, culturales y hasta prehispánicas, en donde el dolor es un valor, ya que el sufrimiento otorga el reconocimiento y la vida eterna. Por eso vemos bien cansarnos y aún agotarnos en el trabajo, pues con esto se asegura una buena recompensa o paga.

Lo vemos también en el deporte, en donde la ley de esforzarse es fundamental, por lo que no importa lastimar el cuerpo con tal de alcanzar los logros establecidos.

Otra idea es el principio de que quien "no vive para servir, no sirve para vivir"; por lo tanto, si te agotas por servir al prójimo te estás ganando el cielo. Con esto, ese tipo de "santidad" se opone al principio de "ámate a ti mismo".

Tenemos sometido al cuerpo al esfuerzo, al dolor ignorado, con tal de realizar las actividades deseadas o demandadas por la sociedad. Al tener un alto umbral del dolor ignoramos al cuerpo, obligando al cerebro a generar más dopamina a fin de tener la energía suficiente para lo que queremos o necesitamos realizar.

La creencia del hacer para tener, es la fuente de la "buena vida", ignorando que el valor supremo de los seres humanos es la salud integral. Esta sobredosis de dopamina es lo que produce que no sintamos la molestia, ni el dolor, ni el cansancio sino solo el agotamiento, de tal manera que ya lo aceptamos como parte de nuestra naturaleza y no como un aviso para modificar la manera de actuar o ver la vida.

De no cambiar esta creencia y fortalecer ese "maravilloso" sentimiento del dolor, jamás detectaremos las molestias del cuerpo, por lo que caminaremos directamente al agotamiento y deterioro del organismo, al grado de envejecer prematuramente.

Recordemos, no fuimos creados para ser viejos, sino para ser sabios que saborean la vida. Esto demanda cuidar al cuerpo y poner toda la atención a las molestias, que es la manera que tiene nuestro cuerpo de avisar para cuidarlo y contribuir, mediante el sistema inmunológico, a una constante renovación.

La importancia de tocar el cuerpo es fundamental, no solo la piel, sino los huesos, los músculos; hasta lograr sentir la vibración de cada uno de nuestros órganos y darle la orden al cerebro y al corazón de cuidarnos.

Realicemos esta actividad cada día, por un tiempo de cinco minutos, con los ojos cerrados y, de preferencia, acostados. Los resultados serán sorprendentes.

EN SÍNTESIS

Tomar conciencia del caos para aprender a autoconocernos se reduce a una simple acción: tocar el cuerpo para que el cerebro y el corazón lo cuiden y podamos identificar las molestias existentes, y así lograr pasar al siguiente nivel.

Hasta que hayamos logrado aprender a "sentir el cuerpo" podemos hablar del lenguaje afectivo, el cual demanda como siguiente actividad educar los siete sentidos, comenzando a identificar las sensaciones que nos generan, descubrir, paso a paso, cómo aparecen. Esto se consigue al establecer contacto tanto con el exterior como con el interior, mediante las sensaciones que posteriormente formarán los sentimientos.

ACTITUD ANTE LA VIDA DESDE LAS CREENCIAS O DESDE LOS PRINCIPIOS

Como ya hemos visto, el lenguaje afectivo está determinado por la manera en la que enfrentamos la realidad, ya sea desde "las creencias" con las que intentamos imponer la realidad, generándonos tensión al no poder aceptarla, o desde "los principios", que son esencia de nuestra naturaleza, y que nos permiten fortalecer actitudes de vida como la de aprendiz y administrador.

A fin de ayudar a la comprensión de estos elementos del lenguaje afectivo, y facilitar nuestro camino de "las creencias" hacia "los principios", me centraré en mostrar cinco creencias propias de la cultura, y en cinco principios como la sustitución de éstas. Terminaré resumiendo con el planteamiento de fortalecer los principios de vida; para aprender a vivir desde la aceptación de la realidad, que genera los sentimientos de tranquilidad y armonía, que nos vitalizan y nos permiten disfrutar la existencia.

1. Liberarnos de la creencia de la verdad

Esta creencia realmente nos impide disfrutar la existencia desde la vida en comunidad, pues nos hace intolerantes e incapaces de escuchar y de compartir experiencias. "La verdad" nos obliga a vivir desde "el tener la razón", por lo que la tranquilidad sólo se da cuando todo está bajo nuestras creencias de la verdad.

Al modificar "creencias" por "principios de vida" logramos vivir en la tranquilidad y la armonía. ¿De qué sirve tener la razón si nos genera conflicto con los demás y con nosotros mismos y termina en desorden emocional? Al dejar de lado la verdad, se fortalecen las experiencias que nos acercan a "la realidad", en donde toda experiencia es válida.

¿Por qué no brota de manera natural la actitud de aprendiz, que es esencia de nuestra naturaleza, si Dios nos creó para crecer eternamente? Cuando se cuenta con la verdad, tenemos la sensación de que ya no necesitamos aprender nada y, sobre todo, creemos que con la verdad nos conocemos, que sabemos quiénes somos. Por esto vivimos en el exterior, en el "hacer para tener", en la imagen, en la competencia y la envidia.

Poseer la verdad nos lleva a no tener el menor interés por autoconocernos, ni por cultivar la vida en pareja, o establecer una nueva pedagogía en la educación de los hijos; lo más triste es no darnos cuenta de que con la verdad vivimos atados a la tensión, a los miedos, a las angustias y a las prisas; creyendo que así es la vida.

Si comprendiéramos la importancia de la actitud de aprendiz, nuestro comportamiento nos llevaría a la necesidad de escuchar y de autoconocernos; como acción fundamental, por encima de la actividad exterior, pues solo así disfrutaremos la existencia.

La creencia en la verdad, nos tiene estáticos ante una realidad cambiante y dinámica, en donde nos consideramos los creadores de la realidad, negándonos la posibilidad de dejarnos guiar por la vida misma y por los acontecimientos. Vivimos con base en deseos y expectativas; ignorando que la vida misma se está desarrollando, en este momento, día con día. Nos levantamos con un objetivo vacío, que no nos permite crecer ni desarrollarnos como personas, por esto no estamos interesados en autoconocernos, pues con la idea de que "ser adulto es tener la verdad", ya tenemos todo el conocimiento para saber quiénes somos; y nos definimos con base en "lo que hacemos" y "lo que tenemos".

Esta forma de vida impide el diálogo con nosotros mismos y sobre todo una vida espiritual, pues en la verdad creemos que ya conocemos el lenguaje divino.

¿Por qué no brota de manera natural la actitud de la unidad o amor, si es nuestra esencia como seres humanos de comunidad? ¡Pues porque tenemos la creencia de la verdad! La verdad nos impide ver la vida desde otras perspectivas; por esto discutimos, peleamos y hasta matamos. De aquí que la educación familiar y escolar se sustente en la obediencia; pues el maestro ya tiene la verdad, y solo se trata de escucharla y obedecer, generándose un adoctrinamiento, en lugar de un autoconocimiento.

La verdad es un concepto absoluto, ya que define en esencia la realidad de lo que es, lo cual solo le pertenece a Dios; pues el ser humano se desarrolla a partir de experiencias relativas, dinámicas y evolutivas. La experiencia que teníamos de nuestros padres cuando éramos niños es diferente a la que tenemos a los veinte o treinta años, y si llegamos a ser padres, con mayor razón se modificará. Esto nos muestra que la verdad no puede sustentarse en nuestra realidad de seres humanos ya que estamos en permanente crecimiento y desarrollo. La realidad la vamos abordando día con día, de manera diferente, conforme pasa el tiempo.

Por otra parte, al reconocer nuestra realidad como cambiante, comprendemos que las experiencias son valiosas, pero no son el parámetro de los demás, y que nos enriquece la diferencia y la diversidad de experiencias de vida de la comunidad.

2. *Liberarnos de las creencias de la justicia*

La cultura nos ha orientado a fundamentarnos en dos importantes valores: la verdad y la justicia. De tal manera que se han convertido en creencias que determinan la manera en que nos acercamos a la realidad, seguros de que estos principios son importantes, fundamentales y éticos, como parte de la esencia humana. Si queremos liberarnos de los juicios, necesitamos analizar y cuestionar la verdad y la justicia.

Para poder juzgar o analizar, necesitamos partir de algún principio sólido y firme. El problema es cuando a ese principio le damos el carácter de verdad, pues se convierte en algo rígido e inflexible, apartándonos de la realidad de seres evolutivos en permanente crecimiento, como nos lo muestra la ciencia, que día con día aclara con mayor precisión las leyes de este mundo.

Cuando en una conversación respondemos "esta es mi verdad", rompemos la capacidad de aprender y enriquecernos, a diferencia de cuando decimos: "esa ha sido hasta ahora mi experiencia". Esto no rompe la comunicación, sino que abre el espacio a continuar aprendiendo. En cambio cuando discutimos, defendiendo nuestra razón que vemos como la verdad, no la compartimos como una experiencia propia. Esta actitud carece de fundamento, porque vive en la comparación, la envidia y, sobre todo, en el control, sintiéndonos líderes o guías de los demás, lanzando juicios sin conocimiento, o creyendo que nuestro conocimiento propio es la verdad.

El valor de la justicia es el fundamento desde el cual juzgamos. Este valor se basa en la venganza, en el castigo, y no en encontrar soluciones; por ello no permite el error, la equivocación ni el proceso natural del aprendizaje, que va de los errores a los aciertos. Recordemos lo que los padres dicen a los hijos cuando algo está roto o no se cumplió lo ordenado: "¿Quién fue?", como si saber quién lo hizo o lo provocó resolviera el problema: "tenemos un culpable a quien darle un castigo".

La creencia de la justicia no pretende solucionar, sino castigar. Y díganme: ¿el castigo nos permite crecer y, sobre todo, integrarnos como comunidad, ya sea en la vida de pareja, familiar o social? ¿De qué han servido las cárceles? En muchas ocasiones el encierro ha enfermado a más de los que ha "rehabilitado".

Con el valor de la verdad y la justicia nos investimos como jueces del mundo, creyendo que los juicios son análisis sólidos, profundos e incuestionables. De aquí que seamos buenos para emitir juicios y negados para escuchar y aprender. Con esta forma de acercarnos a la realidad caemos en la envidia y la venganza.

Para autoconocernos, necesitamos liberarnos de la verdad y la justicia, y aprender a vivir desde las actitudes de aprendiz y administrador, buscando soluciones en conjunto, con perspectivas diferentes y fortaleciendo ante todo la unidad. Lo justo no es igual para todos, pues toda verdad es pacial, no absoluta.

3. Liberarnos de la creencia de la seguridad

En nuestra cultura, todo el sistema educativo, tanto familiar como escolar, está orientado al "hacer para tener". Por esto no se habla del valor de la vida, ni de nuestra realidad de seres constituidos por cuatro elementos: lo físico, lo emocional, lo trascendental y lo conceptual.

No logramos ser conscientes de nuestra realidad como seres constituidos por 95 % energía y apenas 5% materia. En la vida cotidiana sucede lo contrario, damos casi toda la importancia al mundo material, a tal grado que sustentamos en este ámbito físico la existencia, generando la necesidad de la seguridad como elemento central, por el cual el hacer para tener cobra relevancia.

Nuestra realidad de seres constituidos por energía, en este momento histórico, ya está generando conflicto, pues la humanidad ha despertado a la conciencia de la muerte y ha resaltado la trascendencia, además de reconocer el mundo emocional y espiritual. Esto demanda la necesidad de vivir en tranquilidad y armonía. Sin embargo, esta educación sustentada en buscar la seguridad en los bienes materiales está generando una contradicción existencial, al reducir la vida al trabajo como factor fundamental para una buena existencia.

Necesitamos cuestionar el valor de la seguridad. ¿Cómo es posible plantear la seguridad en una realidad dinámica, evolutiva y, por tanto, cambiante? Esta idea de creer que es posible la seguridad ante una realidad donde sabemos que existe la muerte, donde lo material se descompone y, por otro lado, poner la seguridad en los bienes materiales, en el dinero, el prestigio o los conocimientos, ignora la realidad de que la vida humana evoluciona y trasciende.

En el ámbito espiritual tratamos de establecer mecanismos de control ante la Divinidad, haciendo mandas, sirviendo al semejante o con mucha oración. En el ámbito emocional generamos dependencias afectivas, para presionar cuando sea necesario a las personas y lograr que cumplan lo que necesitamos; así como todo un trabajo de generar una buena imagen para que los demás confíen en nosotros y logremos lo que deseamos. En el ámbito físico o material estamos convencidos de que los bienes nos dan seguridad, al grado de identificar la felicidad con el dinero y el bienestar exterior: los viajes, la ropa y la comodidad. Al unificar seguridad, autoridad y verdad, convertimos en automáticos nuestros pensamientos e ideas, asumiéndonos como guías o líderes de los demás, reafirmando el control, el juicio y la creencia de ser necesarios para la comunidad.

Toda esta forma de actuar asegura que no cultivemos la vida en pareja, pues la seguridad nos somete a una realidad estática. Por tanto, si en el noviazgo o la amistad aseguramos que nos queremos, ya no sentimos la necesidad de hacer nada, porque la relación "ya está segura". De igual manera, consideramos la educación de los hijos con base en las creencias y a la manera en que fuimos educados, bajo ideas de otra época, incapaces de escuchar y actuar conforme a la realidad cambiante. Para esta forma de ver la existencia, la realidad está en nuestros conceptos.

Por estas razones, la seguridad niega la muerte, al grado de creer que llegará solo con la vejez, ignorando que el partir de este mundo no tiene nada que ver con la edad. Aceptarlo implicaría cuestionar la seguridad, sobre todo la basada en los bienes materiales.

La problemática está en la creencia de la seguridad fincada en el mundo material, despreciando la realidad de que la vida es dinámica y cambiante, donde no existe nada seguro. Todo está en evolución y transformación. Si no fincamos la seguridad en la vida espiritual, continuaremos viviendo en tensión, con sentimientos de miedo, angustia o ansiedad, en un proceso autodestructivo.

¿De qué nos sirve la fe cristiana, de qué nos sirve saber que tenemos un Padre amoroso, o contar con el Espíritu Santo gracias a la confirmación, si la vida está fincada en una visión pagana, donde lo más importante es contar con dinero o bienes materiales que, según nuestras creencias, aseguran la tranquilidad y la felicidad? De tal manera que, culturalmente, valoramos el ser rico, identificado con la acumulación de bienes materiales, ignorando o negando la realidad de que, en cualquier momento, partimos de este mundo y nada nos llevamos.

Trabajemos en liberarnos de la seguridad, aprendiendo a confiar en el plan de Dios, dejándonos guiar por el Espíritu Santo y sabiendo que todo cuanto acontece es una oportunidad para crecer. Así aprenderemos a disfrutar la vida, que, como tal, es eterna.

4. Liberarnos de la autoridad identificada con la persona

En nuestra cultura, la autoridad se identifica con la persona, ya sea maestro, sacerdote, médico o padre de familia, sin comprender que toda aquella persona que tiene un conocimiento o función, como director, se sustenta en la ley natural, ya sea la ciencia o la vida misma. Así, la autoridad del sacerdote se finca en el mensaje divino, no en su persona; la autoridad del médico le viene de la ciencia médica; la autoridad del padre le viene de su función de orientar al hijo con base en las leyes de la naturaleza humana.

Por tanto, la persona que funge como autoridad está sujeta a leyes o principios.

Para un niño es comprensible que identifique la autoridad con la persona, ya sea padre, madre o maestro, pues aún no tiene criterio y necesita ser guiado en este proceso de apropiarse de su naturaleza para autoconocerse; sin embargo, con el tiempo, al adquirir criterio, tendrá que poner la atención en el autoconocimiento para comprender la manera adecuada de vivir con salud integral.

Esta creencia de la autoridad viene de la cultura de la obediencia, de una época en que se necesitaba del líder o del guía, pues la humanidad aún no tenía conectado el hemisferio izquierdo y mucho menos los lóbulos frontales. De tal manera que la tranquilidad brotaba de la obediencia y era el valor supremo. En consecuencia, se perseguía la mentira y la desobediencia, y no al autoritario.

Si entendemos lo que significa la autoridad en este momento histórico, en el que ya nos reconocemos como únicos, irrepetibles y autónomos, comprenderemos que es obsoleta esa definición, ya que la autoridad no está en las personas sino en las leyes de la naturaleza humana; no está en el trabajo sino en la honestidad, no está en la escuela, sino en la ciencia; y en la familia en la apropiación de las leyes de nuestra naturaleza, asegurando una salud integral.

Al comprender esta realidad, tanto padres como educadores podemos cambiar el modelo de "premio y castigo" y fortalecer un modelo orientado a que configuren su criterio con un análisis de causa y efecto.

Dejemos de preocuparnos por el mañana de los hijos o de los seres queridos, pues la vida, para desarrollarse, necesita dificultades para aprender y crecer. Por tanto, la clave no está en evitar la carencia, la ignorancia o la dificultad, sino en enseñarles a generar un criterio que les permita tener las actitudes de aprendiz y administrador, para fortalecer la unidad, tanto consigo mismos como con cuanto les rodee, teniendo claro como valor supremo la vida, que es eterna y trasciende.

A nivel familiar se ha perdido la autoridad por sustentar la educación en la libertad de los hijos, ignorando que libertad sin conciencia es libertinaje. De tal manera que el hijo vive en el caos, pues los padres todo lo consultan al niño, como si tuviera la preparación para determinar lo que le conviene. Se trata de comprender lo que significa el diálogo, de tal manera que nadie está ni abajo ni arriba, pues todos, con su participación, generan un mayor conocimiento, a fin de autoconocernos, reconociéndonos como seres autónomos en comunidad.

Hablar de la función de los padres es trabajar en la autonomía de los hijos, orientados a darles el instrumental necesario para su autoconocimiento, a partir de hablarles de las leyes de su naturaleza, así como de los engaños de la cultura, como la verdad, la justicia, la seguridad, la autoridad y la falsa idea de que las necesidades básicas solo son las del mundo material. El trabajo está en la educación del lenguaje emocional y espiritual, a partir de vivirlo los adultos, pues este lenguaje no es conceptual sino vivencial. Seamos cariñosos con la pareja, aprendamos a disfrutar la existencia.

Al mostrarles a los hijos cómo funciona la respiración, la motricidad, la nutrición, el aprender, el dormir, el cultivo de la amistad, el sentido del trabajo como una participación de colaboración con la comunidad, así como el leguaje emocional, estamos enseñándoles a aprender a vivir en tranquilidad y armonía, y a susztentar la educación ya no en el premio y el castigo, sino en la relación causa-efecto.

Los invito a que vean y asuman el costo tan alto que tiene el unir autoridad con función, de tal manera que la vida la veremos desde la pereza: delegando la autonomía a las manos de un especialista que refuerza la dependencia.

Educar es dar testimonio de lo que significa ser único, irrepetible y autónomo, con base en las leyes de nuestra naturaleza, que nos demandan el cuidado de lo físico, lo emocional, lo espiritual y lo conceptual.

5. *Liberarnos de la idea de que las necesidades básicas son lo material*

¿Cuáles son las necesidades básicas del ser humano? Para la cultura, la respuesta va directamente al mundo material, es decir, al 5% de la naturaleza humana, ignorando las dimensiones emocionales, espirituales y conceptuales, como el aprender. En último término, nos reducen a la materia, dando como resultado la importancia del "hacer para tener".

Por esto le damos mayor importancia al campo productivo, ignorando la importancia del autoconocimiento y, sobre todo, la educación del lenguaje afectivo, sobre todo con los hijos.

A pesar de que nos dicen que nos sentemos a convivir con los hijos, que tengamos un tiempo a la semana de comunicación con cada uno de ellos, no lo hacemos, ignorando que estas acciones tienen importancia por encima de las necesidades materiales. Lo mismo sucede en la vida de pareja. Aún continuamos con la idea de que el dinero y el sexo unen la relación, ignorando que el inicio de la vida marital surgió del enamoramiento, y que esto es lo que realmente la mantiene unida de por vida. Las necesidades básicas son las físicas, las emocionales, las espirituales y las conceptuales.

¿Por qué destinamos tanto tiempo al 5% de la existencia, como el trabajo, dejando un mínimo a la familia o a la pareja, relegando esa relación, si bien nos va, al fin de semana?

No logramos entender que primero está la relación afectiva con la familia y la pareja, y después el trabajo. Con esta interpretación de las necesidades básicas, rebajamos el aspecto espiritual a una relación de convenios con la divinidad, reduciéndonos a una religiosidad y no a una espiritual, que podría potencializar la vida misma al cultivar esta característica humana, viendo con mayor claridad nuestra realidad del 95% de energía, aprendiendo a vivir lejos de los miedos, las ansiedades y las angustias, fortaleciendo la tranquilidad y la armonía.

No se trata de negar la parte material, que cubre el 5% de la naturaleza; pues podríamos decir que ese pequeño porcentaje es como una casa. Sin embargo, la casa tiene sentido hasta que se habita, pues una casa abandonada se deteriora pronto. De igual manera le está pasando a nuestra vida, al solo darle importancia al comer, al dormir, al cubrirnos, al contar con instrumentos de trabajo y trabajar, dejando de lado la intención de crecer y desarrollarnos, sino para cubrir los bienes materiales.

Si nuestra creencia fuera "la necesidad básica del ser humano es autoconocerse", pondríamos en orden nuestro comportamiento y limitaríamos el tiempo de trabajo, a fin de darle mayor sentido a la existencia; pues no basta contar con alimentos, casa, ropa, hacer ejercicio y trabajar, sino que todo esto necesita estar ordenado por una intención, como la de asegurar una salud integral; ya que todo influye, y de mayor importancia es la parte emocional y espiritual.

No es lo mismo comer alegre que tensionado; no es lo mismo trabajar por dinero que por colaborar en el crecimiento de la comunidad; no es lo mismo contar con una casa como objeto, o donde no hay unidad entre los que ahí viven, a tener un hogar con sus habitantes en armonía.

Si entendiéramos que la necesidad básica humana es el autoconocimiento, entenderíamos el lenguaje emocional como el cimiento de la vida para aprender a disfrutar la existencia.

También necesitamos cultivar la vida espiritual, apropiándonos de nuestra fe, la confianza en la divinidad, y el principio del "ámate a ti mismo". No se puede amar lo que se desconoce; por esto, la importancia del autoconocimiento.

Al liberarnos de la falsa idea de que lo básico es lo material, entendemos que la energía determina la materia, por tanto, el lenguaje emocional y espiritual se convierte en nuestra base, fortaleciendo las actitudes de aprendices y administradores de nosotros mismos, para vivir en la tranquilidad y armonía, alejados del miedo, la prisa y la angustia.

¿POR QUÉ LIBERARSE DE ESTAS CINCO CREENCIAS?

A partir de hacer conciencia del costo que tienen estas creencias, —experimentando la tensión o el estrés que nos generan— podremos convencernos de cambiarlas por fomentar las experiencias de los principios de vida, como veremos adelante.

1. Contra la verdad: Experiencias dinámicas y cambiantes

La verdad nos impide aprender y nos ofrece una realidad desde la soberbia, al fincarnos en la falsa idea de "ya lo sé" y, por tanto, "tengo la razón", alejándonos del aprender, del escuchar, del comprender que la vida es dinámica y cambiante. Y, a pesar de tener experiencias que nos ofrecen una forma diferente de ver la vida, nos aferramos y desechamos la experiencia; de tal manera que tendrá más peso la creencia que la vivencia.

Por esto, cuando digo que "vi al abuelo que ya murió", de inmediato lo negamos o lo interpretamos de tal manera que queda nulificada la experiencia, ignorando que la vida se sustenta en experiencias cambiantes que nos permiten acercarnos a la realidad.

De no sustituir la verdad por la experiencia, jamás podremos aprender de la vida cotidiana, y mucho menos dejarnos guiar por el plan que la divnidad tenga para ti.

2. Contra la justicia: Una solución que unifique bajo el principio de causa y efecto

La justicia no está interesada en solucionar, sino en castigar: una creencia que sirve para generar miedo en las personas a fin de controlarlas, bajo el principio de premio y castigo, y en último término es esconder la venganza bajo una falsa idea del bien común.

Liberarnos de esta creencia implica experimentar cómo el miedo nos condiciona. Necesitamos sustituirla por la búsqueda de la solución, a fin de fortalecer la unidad, alejándonos del juzgar para vivir en armonía con la comunidad.

3. Contra la seguridad: La espiritualidad

Esta creencia de la seguridad, en este momento histórico, me parece la que mayor destrucción está generando, pues nos lleva a creer que la realidad la podemos controlar o modificar, dando como resultado una vida en la tensión y, sobre todo, en la angustia.

Nada es seguro en esta vida. Una cosa es prever y otra es inventar que "con tener estamos seguros". Lo que sí podemos afirmar es que, al fundamentarnos en la espiritualidad, entramos a la vida eterna, a un Padre amoroso y a un Espíritu Santo que nos acompaña y nos invita a crecer y desarrollarnos como hijos de Dios.

Fortalezcamos las experiencias espirituales, las vivencias con la Divinidad y todo aquello que nos ayude a aceptar la realidad de que el futuro, y la realidad en general, no están en nuestras manos.

4. Contra la autoridad: La autonomía

Al unir las creencias de autoridad, justicia y verdad, no solo perdemos el interés por aprender y cultivar las actitudes de aprendiz y administrador, sino que además nos convertimos en personas rígidas, de tal manera que perdemos el interés por escuchar. De aquí que la educación se reduzca a corregir, y ya no a orientar y disfrutar la maravilla de ser padres.

Esta manera de comportarse de las autoridades, ya sea en el ámbito familiar, religioso o político, está ya en contradicción, pues al conectarse los lóbulos frontales, la naturaleza humana está demandando la autonomía: la construcción de un criterio propio, en donde los padres necesitamos tomar consciencia de que nuestro papel no es evitar las dificultades a los hijos, sino ayudarlos a formar un criterio propio que les permita acercarse a la realidad, de tal manera que les ayude a desarrollarse y, sobre todo, a autoconocerse.

5. *Contra la creencia de que las necesidades básicas son lo material: la salud integral*

Mientras continuemos con la creencia de que las necesidades básicas se reducen al mundo material, la creencia de la seguridad continuará teniendo peso.

Por esto, tendremos como fundamento de la vida el "hacer para tener", ignorando nuestra realidad de seres compuestos por cuatro dimensiones integradas en una sola unidad, que es nuestra persona: la parte física, la emocional, la espiritual y la conceptual.

En último término, necesitamos liberarnos de las creencias y fundamentarnos en los principios de vida, donde la educación del lenguaje afectivo, el desarrollo de la espiritualidad y la configuración de un criterio de seres que trascienden, y que demandan una salud integral, nos permitan disfrutar una existencia que en su mayor porcentaje es energía.

SENSACIONES QUE BROTAN DE LOS SIETE SENTIDOS

Trabajar en la toma de conciencia, empezando por cuestionar nuestras creencias, implica tambiém aprender a identificar las sensaciones que se expresan en el cuerpo. Estas sensaciones darán como resultado sentimientos y estados anímicos diversos, los cuales, al analizarlos e identificarlos, nos permitirán un buen nivel de comprensión y disfrute de la vida.

Es por medio de los siete sentidos que experimentamos las sensaciones. Sin embargo, hablaré también de la respiración y el movimiento, pues estas acciones en el cuerpo también nos generan sensaciones.

A) *Respiración*

Al respirar pongamos atención en el cuerpo y recordemos que la respiración depende del diafragma medio y el pélvico, por el primero introducimos el aire y con el segundo lo sacamos.

Si observamos lo que pasa en nuestro cuerpo al respirar, claramente sentiremos como se infla nuestro vientre, moviendo estómago, pulmones, caja torácica e intestinos, en un movimiento muscular de expansión y relajación, generándose con ello una sensación de expansión entre respiración y respiración. Este movimiento es permanente y entre más despacio lo realicemos, mayor claridad tendremos de las sensaciones que se generan.

B) Motricidad

Resulta particularmente interesante prestar atención en el movimiento, pues en realidad estamos acostumbrados a centrar nuestra atención en la acción realizada y no en el cuerpo que la realiza. En un movimiento, por simple que sea, prácticamente se ponen en juego todas las partes del cuerpo. Pongamos la atención no solo en el movimiento, sino en la participación de todo el organismo, considerando que son los huesos y los músculos los principales actores, pero también participan la piel y la respiración.

Al realizar un ejercicio de observación motriz, la recomendación es que los movimientos se hagan lo más lentamente posible, pues de esa manera resulta más fácil reconocer las sensaciones que nacen a partir del movimiento, manifestándose en el cuerpo.

LOS SIETE SENTIDOS

Sentido de la vista

La vista es un sentido que suele ser protagonista en la cultura occidental. Confiamos en ella casi de manera absoluta, aun cuando es uno de los sentidos más fáciles de engañar; basta asistir a un espectáculo de magia para comprobarlo.

Es un sentido en el que no es fácil identificar las sensaciones, como ocurre, por ejemplo, con el olfato, el oído o el tacto; pues es un sentido fácil de condicionar con nuestras creencias y educación. De tal manera que vemos, pero no observamos; leemos, pero no comprendemos. Por la vista juzgamos y definimos la realidad como si fuese el sentido integrador de la existencia.

La vista la tenemos orientada hacia el exterior: nos sirve para verificar nuestras ideas, conceptos y creencias. Por esto nos es más fácil hablar que escuchar. Porque la vista nos condiciona a "ver" una realidad en lugar de "comprenderla". La educación en las escuelas se sustenta principalmente en la vista, y por esto nos llenamos de "verdades sin verificar", ya que no participan los demás sentidos.

Si deseamos aprender, trabajemos con los siete sentidos, a fin de configurar el criterio.

Cuando percibimos la realidad solo con la vista, la vida en pareja, la educación de los hijos, el trabajo, afirma el mundo que ya está en la cabeza. Vemos lo que creemos, no lo que es. Por eso no hay descubrimiento. Buscamos la seguridad en los conceptos, ideas o creencias, por lo que vivimos en angustias, miedo, prisa y agotamiento.

Cuando reducimos al otro y lo convertimos en imagen, en algo que se mira, se compara, se desea o se rechaza, lo cosificamos, deja de ser "alguien" a quien que se conoce y se vuelve objeto. Esto se explica fácilmente con la pornografía. El enamoramiento, en cambio, no entra por la vista. Parte del olfato, del oído y del tacto; es decir, de la experiencia directa del otro. No de lo que parece, sino de lo que se siente. Y eso no se puede ver: se vive.

Por esta razón es fundamental educar este sentido y orientarlo a la observación, a que realmente recoja la realidad de lo que acontece, a fin de disfrutar esta capacidad humana para entender cómo el cuerpo expresa una forma de vida. Por ejemplo: una persona rígida se manifestará en un cuerpo rígido, en un cuello y un rostro tensos; una persona que se ha sentido vulnerable desarrollará más grasa en el cuerpo y sobre todo la cadera, como protección. La forma de caminar también comunica. En ella pueden percibirse actitudes de apertura, seguridad o dificultad para socializar. Hay personas cuyo paso se muestra contenido, cerrado, como si el cuerpo se reservara, y otras cuyo movimiento es más suelto y ágil. En ese sentido, el caminar puede expresar a alguien que tiende a recibir más de lo que aporta, o a quien le cuesta establecer contacto con los demás. En fin, si observáramos, entenderíamos la realidad. Por tanto, no se trata de juzgar, sino de entender, y esa es la función de la vista: recoger información.

Las creencias también juegan un papel importante. Recordemos que el ojo solo nos muestra imágenes, y estas nos generan sensaciones de acuerdo con la manera cómo entendemos la vida, por ejemplo, cuando la vida de alguien gira en torno al dinero todo lo verá desde esa perspectiva.

Es necesario "aprender a ver" desde el vivir, desde el movimiento, desde la transformación cambiante y dinámica, a fin de liberarnos de creencias, expectativas o deseos, para entender la realidad y aprender de ella. Trabajaremos en identificar las sensaciones y escuchar nuestra naturaleza, para disfrutar este sentido y desarrollarlo, con la finalidad de entender la realidad y dejar de juzgarla, ya que esto último solo nos lleva a la alteración.

Sentido del olfato

El sentido del olfato es el único de estos siete sentidos que no está controlado por las creencias, pues pasa directamente al sistema límbico. Su función es protegernos de lo dañino; es parte del sistema inmunológico.

Si comparamos el sentido de la vista con el del olfato, nos daremos cuenta de que, en nuestra cultura, un tercio de nuestro sistema neurológico depende del sentido de la vista, y esto ha tenido consecuencias sobre el resto de los sentidos. Es cierto también que el ojo tiene 125 millones de células fotorreceptoras mientras el olfato solo 10 millones de células olfativas. Sin embargo, el sistema respiratorio está apoyado por el vómero nasal, mediante el cual registramos las feromonas, que son inodoras y están constituidas por moléculas que registra esta parte del sistema respiratorio, y se localiza arriba del sistema olfativo. Esta combinación potencializa el sistema respiratorio y olfativo en nuestra dimensión social.

El vómero nasal, al registrar las feromonas, el cual se da por un acercamiento físico, ya sea mediante la ropa impregnada del sudor o la saliva, el ser humano establece una comunicación, ya sea de aceptación o rechazo.

En las feromonas se ha sugerido que se expresa información relacionada con el sistema inmunológico, tanto el propio como el de nuestro entorno cercano, por lo que en algunos casos no se desencadena una atracción o rechazo, como sucede ante olores distintos. El vómero nasal se ha asociado, en otros mamíferos, con la detección de estas señales químicas y su vínculo con el sistema límbico y el hipotálamo; en el caso del ser humano, su función continúa siendo motivo de estudio. Esto podría ayudar a explicar ciertos fenómenos de convivencia, como la posible sincronización de ciclos menstruales entre mujeres que comparten un mismo entorno o la influencia del contacto cercano en algunos ritmos biológicos.

Los anticonceptivos hormonales pueden influir en distintos procesos del cuerpo, y algunos estudios han explorado su posible relación con cambios en la percepción olfativa y en la dinámica de atracción. Sin embargo, estos efectos aún no son concluyentes y pueden variar según cada organismo.

En algunas tradiciones europeas, alrededor del siglo XVI, se ha documentado que las mujeres usaban una manzana bajo la axila en los bailes y cuando llegaba el pretendiente, se la ofrecían. El uso de objetos, como frutas o telas, impregnados con el olor corporal ha sido una forma de intercambio en contextos de atracción. Más allá de lo anecdótico, este tipo de prácticas apunta a un fenómeno más amplio: nos motiva o nos protege de la reproducción, ya que la atracción —químicamente hablando— es para asegurar una mayor protección inmunológica en el bebé. Si bien en los seres humanos estos mecanismos no están completamente comprendidos, diversos estudios sugieren que el olfato puede desempeñar un papel sutil en la afinidad y la preferencia interpersonal.

Por todo esto, en forma comparativa, podría considerarse de mayor riesgo la pérdida del olfato que la de la vista, tomando en cuenta que el olfato forma parte del sistema respiratorio, del cual depende la vida. Si la calidad del aire no es la conveniente, podemos ver comprometida la salud de manera inmediata. Las cirugías pueden afectar el vómero nasal, esto podría provocar cambios en la percepción sensorial y en la relación con el entorno. También recordemos que existe una interacción con el sistema digestivo, de tal manera que, cuando tenemos gripa y se anula el olfato, disminuye el apetito y no deseamos comer.

Lamentablemente, la vista ha venido a desplazar parte de nuestros otros sentidos, en parte por no contar con un modelo educativo familiar que integre el desarrollo del ser humano desde sus propias leyes, y, sobre todo, desde la conciencia de sus sentidos. El olfato en el ser humano tiene una relación directa con el placer mediante el perfume, el alimento, los olores naturales, como los florales o frutales, o simplemente el de la tierra mojada o la madera aromática.

Como seres humanos podríamos distinguir una gran variedad de olores, aunque por cultura no sabemos darles nombre, ya que nuestra educación pone más atención en los conceptos que en las sensaciones. Por ello, el olfato no se encuentra tan desarrollado en términos de conciencia y lenguaje, aun cuando nuestra capacidad de percepción es amplia.

Es fácil reconocer olores comunes en nuestra cultura porque los relacionamos con base en experiencias vividas o en comportamientos sociales y culturales. Por el contrario, a los olores nuevos se nos dificulta darles nombre, ya que no es un problema abstracto, sino vivencias que demandan toda nuestra atención y de las cuales tenemos una experiencia, pero no un concepto.

Si nos comparamos con los perros, veremos que ellos dependen por naturaleza más de su olfato, y de aquí que en promedio cuentan con muchas más células olfativas que nosotros. A fin de dar un ejemplo, un pastor alemán cuenta con 200 millones de células olfativas y tiene la capacidad de oler incluso bajo el agua. Dicho de otra manera, el perro puede percibir increíbles diferencias de olor que para el ser humano pasan completamente desapercibidas.

El funcionamiento de la nariz es alternado (inhalación y exhalación): el aire fluye principalmente por una fosa y, después de un tiempo, se invierte. Este mecanismo, que forma parte de la autorregulación del cuerpo, permite que una de las fosas descanse mientras la otra se mantiene activa, evitando la irritación y el desgaste de los tejidos. De esta manera, el organismo protege la sensibilidad de la nariz y asegura su correcto funcionamiento en una actividad constante y permanente como es la respiración.

Este sentido se desarrolla a partir del quinto mes de la vida del feto y tiene una relación directa con la memoria. Por esto si se quiere fortalecer la memoria se pueden hacer ejercicios de oler. Por ejemplo, se huelen cuatro productos: lima, clavo, menta y eucalipto; no se trata de repetir su nombre sino de identificar sensaciones que se generan en el cuerpo. Otro ejercicio efectivo es el olor como asociación: puedo oler romero y repetir la idea que quiero memorizar.

Sentido del gusto

El sentido del gusto no puede estar separado del sentido del olfato. El sentido del gusto se localiza en la lengua, prácticamente en la punta, y cubre la mitad de esta área mediante las papilas fungiformes. Cada persona tendrá más o menos papilas de acuerdo con la educación que le dé a este sentido; por lo que tendrán mayor cantidad de papilas fungiformes quienes tienen más desarrollado el gusto. Por medio de estas papilas podemos distinguir los sabores: dulce, salado, amargo, agrio, ácido y picante.

Cada uno de estos sabores tiene una relación directa con nuestro organismo. Así, el sabor dulce estimulará nuestro cerebro, pudiendo generar un comportamiento acelerado, inquieto, hiperactivo y, en cantidades "correctas", nos dará un comportamiento de tranquilidad y armonía.

Lo salado tiene una relación directa con el sistema muscular y nervioso, por lo que en exceso nos podría provocar padecimientos tan graves como un paro cardiaco, endurecimiento muscular o un estado alterado del sistema nervioso. Por el contrario, un consumo "adecuado" nos permitirá un perfecto funcionamiento del sistema motriz y del sistema nervioso. Si algo es demasiado salado, la lengua de inmediato reacciona, impidiéndonos consumir más sal o vomitando.

Los sabores amargos nos hablan de peligro o de riesgo, por lo que su consumo en general deberá ser controlado o mínimo, de tal manera que, cuando los necesitamos, nuestro cuerpo no los percibe tan amargos. Su función está relacionada con los órganos digestivos. De aquí que los medicamentos botánicos, como los tés, sean amargos.

Los sabores ácidos y agrios tienen una relación directa con el sistema óseo y la sangre. Su carencia, manifestada sobre todo en la vitamina

C, origina el escorbuto, que se manifiesta mediante hemorragias, caída de los dientes y deformaciones de los huesos.

Los sabores picantes, como el chile, la pimienta, el jengibre y otras especias, sabemos que son conservadores, pero no hay mucha investigación sobre su relación directa con nuestra naturaleza. En la actualidad se habla de que, por ejemplo, el chile, produce endorfinas, y esto tiene una relación directa con nuestro sistema inmunológico.

Si entendemos lo delicado de la nutrición, que se sustenta en un parámetro personal y que depende del sentido del gusto el determinar la dosis correcta, comprenderemos la importancia de educar a las infancias en el sentido del gusto, a fin de incrementar las papilas gustativas para determinar el control que asegurará su correcta alimentación.

Hablamos de la alimentación como algo "personal", ya que no es el alimento, como la fruta o verdura o granos o carnes o quesos o leche o agua, lo que genera el proceso alimenticio, sino el cuerpo humano, que establece sus propias leyes con base en nuestra naturaleza irrepetible. Cada organismo cuenta con sus propias enzimas y flora intestinal, que le facilita o dificulta la digestión de algún alimento. Así, por ejemplo, nosotros asimilamos la vitamina D por el contacto con el sol, y las personas que viven en el polo norte, a través del pescado que consumen. Hay personas que cierta fruta no logran digerirla y, por el contrario, para otras es un buen alimento. Mencionamos esto para insistir en la individualidad del sistema digestivo y que debemos ir con cuidado en las generalizaciones y hacer más conciencia de nuestro propio cuerpo.

En ocasiones, los científicos informan, por ejemplo, que el consumo de papa y, de manera específica, en puré, hace que en 15 minutos este alimento desencadene un neurotransmisor llamado citicolina, que tiene relación con la memoria, por lo que ayuda al aprendizaje. O nos dicen que la fruta, combinada con cereales, ayudará de manera importante en el fortalecimiento de este neurotransmisor llamado *citicolina*, por lo que se recomienda para el desayuno de los estudiantes. O nos dicen que el aguacate tiene más potasio que el plátano y que es un alimento conveniente para el sistema nervioso y el corazón.

Todas estas afirmaciones no hay que negarlas, sino tomarlas en cuenta y verificar en nuestro propio organismo, que es único, irrepetible y autónomo, si coteja con esa realidad. De aquí la importancia de la educación del sentido del gusto.

Las aportaciones sobre la nutrición no deben ponerse en duda, pero tampoco hay que tomarlas como leyes, ya que es fundamental experimentarlo de manera individual y, sobre todo, entender lo que nuestro cuerpo es capaz de pedir, ya que su propio laboratorio está configurado de tal manera que nos asegura la mejor alimentación, a fin de mantenerlo en perfecto estado nutricional. Esta es la razón por la cual una adecuada alimentación va de la mano con el placer de comer y, por tanto, el gusto jugará el papel determinante en la elección de los alimentos convenientes, cuando está educado.

De lo mencionado hasta el momento surge la pregunta: ¿cómo sabemos si tenemos educado el sentido del gusto?, ya que es evidente que muchos intentamos comer solo lo que nos gusta y no lo que necesitamos o demanda el cuerpo. ¿Cómo sabemos si tenemos educado el gusto? Es evidente que el gusto puede estar condicionado y no responder a una necesidad del cuerpo, de modo que la única forma es mediante el desarrollo de las papilas gustativas. Para ello necesitamos establecer una pedagogía educativa que nos permita aprender a distinguir los sabores, olores y, principalmente, las sensaciones que se generan al ingerirlos, poniendo el hincapié en esta segunda parte, ya que al gusto no le interesa el alimento, sino la sensación que le genera cuando se tiene en la boca o percibimos su aroma, generando una serie de reacciones, ya sea de satisfacción o de rechazo.

Esta educación nos llevará a aumentar las células gustativas que tenemos en la lengua, para lo cual necesitamos hacer todos los días ejercicios para identificar las sensaciones de los diferentes alimentos. Al tomar consciencia de lo que "siente" nuestro cuerpo con cada alimento, fortaleceremos el código de información entre el gusto y el cuerpo, a fin de consumir la energía adecuada que necesita cada organismo.

Sentido del oído

El sentido del oído no se sustenta solo en el oído, sino también en el sentido del tacto, mediante la piel y los huesos, ya que el oído capta el sonido, mientras que el cuerpo percibe la vibración y el sentido de ese sonido. De aquí la importancia de la colocación del cuerpo en el escuchar.

La oreja juega un papel selectivo, de tal manera que, en un lugar con mucho ruido o con muchas personas hablando, se encarga de eliminar aquello en lo que no estamos interesados, a fin de escuchar lo que nos interesa.

El tímpano es un conjunto de células muy sensibles, como pequeños vellos, que con su vibración captan el sonido (por esta razón hay que tener cuidado al colocar audífonos en el ducto del oído, pues puede afectar estas células y hacer que perdamos la capacidad de escuchar sonidos tenues). El sonido se da en un proceso de vibración; de aquí que determinados tonos de voz nos sean agradables o no. Algunas frecuencias de sonido tienen la capacidad de alterar los estados de ondas cerebrales.

Hay cuatro ondas cerebrales principales que nos conducen a través de nuestros ciclos de vida:

1. *Las ondas beta (13–22 Hz)* nos mantienen en estado despierto, de alerta, y nos enfocan en el entorno exterior; esto genera concentración.

2. *Las ondas alfa (8–12 Hz)* nos llevan a un estado de relajación consciente, como cuando soñamos despiertos, planeamos, analizamos o queremos entender una realidad, sobre todo en el autoconocimiento.

3. *Las ondas theta (4–7 Hz)* se activan en momentos de creatividad, también en la meditación y en el inicio del sueño o sueño superficial.

4. *Las ondas delta (0.5–3.5 Hz)* aparecen en el sueño profundo, cuando estamos inconscientes, momento en que se regenera y sana el cuerpo, a la vez que logramos configurar una estructura mental para comprender lo que estamos aprendiendo. De aquí la importancia de dormir como la segunda necesidad vital, después de respirar.

Algunos sonidos pueden ayudar a sintonizar el cerebro con estados mentales adecuados. La música barroca, por ejemplo, como Vivaldi, Bach y Händel, tiene un fuerte contenido estructural que favorece la concentración. La música de Mozart, por su ritmo, sonoridad y timbre, influye en nuestras emociones y activa al cuerpo; por ende también ayuda en la concentración. La música clásica, en general, puede provocar una disminución del ritmo cardíaco y de la presión arterial.

El sentido del oído es el primer sentido que desarrollamos desde el vientre materno; por esto el bebé identifica a la madre no solo por la voz, sino por el ritmo cardiaco. De tal manera que, si la madre se altera, el hijo también se altera, pues deja de reconocer ese patrón.

Para nuestra cultura, educada en el concepto, es más importante hablar que escuchar; por esto no le damos importancia, en el diálogo, a la confianza que brota del escuchar. Además, ignoramos que nuestra esencia no es solo ser felices, sino crecer y desarrollarnos mediante el aprendizaje; y esto nos dará tranquilidad, armonía y, como consecuencia, sentimientos de felicidad.

Escuchar es hacerse uno con lo que nos interesa, ya sea con uno mismo o con cuanto nos rodea, tanto la naturaleza como nuestros semejantes. Podemos decir que escuchar es la capacidad de unir; de aquí que, a través de esta actividad, experimentemos no sólo la armonía como manifestación de unidad comunitaria, sino también el enamoramiento, la confianza, la empatía y la conexión que nos permiten reconocer al otro y sentirnos parte de algo. Es en el escuchar donde se establece el vínculo, donde se genera la comprensión y donde dejamos de juzgar para entrar en relación con la realidad y con las personas.

Escucharnos nos muestra la realidad de que somos seres de comunidad y que nuestro desarrollo y crecimiento están en relación con el entorno.

Sentido del tacto

El sentido del tacto se localiza en la piel y funciona como un escudo de protección, ya que nos protege del calor y del frío; pero al mismo tiempo, funciona como una especie de antena parabólica que nos permite recoger la vibración de lo que nos rodea, permitiéndonos socializar al percibir la aceptación o el rechazo.

Si analizamos de manera comparativa con los otros sentidos, como la vista, el olfato, el gusto y el oído, nos encontramos con que este es el sentido más extenso y, por tanto, con mayor cantidad de células sensoriales.

Gracias a este sentido, el ser humano logra establecer una comunicación con su medio ambiente, permitiéndole un acercamiento personal, ya que no solo recibe información concreta —como sería el frío y el calor—, sino que también tiene la posibilidad de percibir sutilezas, como anticipar la lluvia, percibir cambios en la temperatura o en el ambiente, o reconocer las actitudes de las personas a través de la forma en que se acercan, se mueven o nos tocan.

El consumo de agua es fundamental para el cuidado de la piel; unos labios partidos o una piel reseca nos hablan de falta de hidratación. Por otra parte, la piel cuenta con células de transpiración que nos demandan la limpieza del cuerpo. Utilizar estropajo o esponja al bañarnos ayuda a retirar las células muertas y darle tono a la piel.

Estas células sensoriales del sentido del tacto cumplen distintas funciones, de ahí la importancia de este sentido, que no solo nos protege del frío y el calor, sino también del peligro, manifestándose en el miedo para actuar con precaución.

Estas funciones pueden agruparse en seis tipos temperatura, presión, dolor, emociones, texturas y percepción. A grandes rasgos:
1. Temperatura: el frío, el calor y la frescura.
2. Presión: lo duro, lo blando, el roce, el peso y, sobre todo, la tensión.
3. Dolor: como aviso de retirarse de una actividad, como en el caso de una herida.
4. Emociones: mediante las cuales identificamos la aceptación o el rechazo de la comunidad o de la naturaleza, por ejemplo, al

llegar a una casa, sentimos si somos bienvenidos o no, o un ambiente nublado y húmedo que nos causa tristeza.

5. Texturas: identificamos la aspereza y la suavidad.

6. Percepción: identificamos los acontecimientos cuando inician y aún no se realizan, como determinar que va a llover o a temblar, así como experiencias de conexión o atracción con otra persona.

Con base en lo planteado, podemos decir que el sentido del tacto, a la vez que funciona como un sistema amplio de protección ante la vida, también es la puerta de la convivencia humana y espiritual, ya que le permite percibir más allá de lo tangible, como la experiencia de lo sagrado, o al observar las estrellas, la inmensidad y, a la vez, la unidad con el cosmos, así como el cariño y el enamoramiento.

El sentido del tacto es la puerta del mundo emocional. Con base en trabajos realizados por investigadores del sistema cerebral, sabemos que las caricias sustentadas en el afecto y el cariño desencadenan la liberación de sustancias como las endorfinas, lo cual favorece conexiones cerebrales y genera un estado de bienestar y alegría. De aquí la importancia del contacto físico, que sostiene la socialización.

La importancia de este sentido radica en su correlación con el lenguaje afectivo, ya que un ser humano que no es acariciado difícilmente desarrolla una buena autoestima y, por tanto, puede volverse inseguro y desconfiado.

En la piel se encuentra una infinidad de terminaciones nerviosas que, a su vez, configuran un sistema capaz de recibir información, así como de transmitirla.

Por esto podemos sopesar la importancia de la educación y el desarrollo de este sentido, ya que en gran parte sustenta necesidades humanas como la aceptación social, la procreación y la socialización.

Por otra parte, la espiritualidad y el enamoramiento están directamente relacionados con la educación del tacto, ya que tanto lo espiritual como el afecto se sienten.

Sentido del equilibrio

El sentido del equilibrio está sustentado no en la capacidad humana de ponerse de pie, sino en el movimiento armónico del cuerpo, que se manifiesta en el caminar, el bailar, el correr; en fin, en toda acción corporal, lo cual demanda flexibilidad y, sobre todo, armonía en el movimiento, ya que esta armonía es fruto del lenguaje emocional.

Esta manifestación humana del movimiento es el resultado de la manera como nos acercamos a la realidad, ya que de esto dependerá el nivel de aceptación que tengamos de nosotros mismos y de cuanto nos rodea. Por esta razón, podemos afirmar que el equilibrio es la puerta del lenguaje emocional, ya que el estado anímico de la persona se manifestará en la posición del cuerpo, así como en su vitalidad.

Si observamos en los cuentos, a los malos y a las brujas se les muestra encorvados, con arrugas y con tensión muscular; por el contrario, a los buenos se les representa con un halo de luminosidad.

Podemos decir que hablar de equilibrio es penetrar en un nivel que no corresponde a lo tangible de los primeros cinco sentidos, sino a un nivel de percepción en el que captamos la vitalidad o no vitalidad de las personas, así como su intención.

El equilibrio nos habla de que la vida es más que la materia tangible, que la existencia también se expresa en una dimensión que se manifiesta en los sentimientos, como la tranquilidad, la paz y la armonía; pero también, cuando no tenemos este sentido del equilibrio, se expresa en el miedo, la angustia, la ansiedad, el enojo y el cansancio. Hablar de equilibrio sería vivir en la virtud, y en desequilibrio, en los llamados pecados capitales, según la visión cristiana.

La educación de este sentido no se sustenta en el ejercicio o en el deporte, sino en aprender a vivir mediante el autoconocimiento.

El equilibrio no depende únicamente de la destreza del cuerpo, sino de la relación que establecemos con nosotros mismos y con la realidad. Es conocer nuestras propias leyes, es reconocer qué nos da estabilidad y qué nos desequilibra en la experiencia cotidiana. En este sentido, la autoridad no está en el semejante, sino en la misma naturaleza, que nos establece necesidades vitales que no podemos ignorar. Es a partir de atender estas necesidades que se configura el proceso educativo, mediante el cual podemos apropiarnos de este don maravilloso que es la vida.

Es fundamental comprender que, como seres humanos, demandamos un proceso educativo en el que partimos del desequilibrio, que se manifiesta cuando somos bebés en movimientos torpes y desordenados, hacia el conocimiento de la armonía en el movimiento, siempre y cuando trabajemos en el autoconocimiento.

Si de nuestra naturaleza brota el equilibrio, necesitamos preguntarnos qué está impidiendo la manifestación de este sentido. Tristemente, el modelo educativo de los padres no logra comprender el valor de la vida, la necesidad del autoconocimiento y, sobre todo, aceptar que nuestra naturaleza se desarrolla a partir de leyes de la vida que no se inventan, sino que se aceptan con todo su ecosistema.

Para entender el lenguaje emocional es necesario determinar un proceso educativo que nos libere de las creencias asumidas como "verdades" —la seguridad, la justicia, la autoridad o las necesidades básicas reducidas al mundo material— y transformarlas por "principios de vida" como el valor de la experiencia, que es dinámica y cambiante, el amor, la espiritualidad, la formación de un criterio propio y la comprensión de que las necesidades básicas están, principalmente, en lo emocional y lo espiritual.

Sentido de la posición

El sentido de la posición es la puerta al lenguaje social; es decir, este sentido nos habla directamente de nuestra característica de personas sociables, que se desarrollan en comunidad y en un medio ambiente dentro de la naturaleza.

Podemos decir que el sentido de la posición demanda la educación de nuestro yo social, configurando el criterio propio para determinar la forma de acercarnos a la realidad y aceptarla.

Este sentido nos genera la conciencia de la interacción con cuanto nos rodea; por esto tendremos que desarrollar la orientación, a fin de aprender a ubicarnos en el medio ambiente, así como la relación armónica con cuanto nos rodea: plantas, animales, seres humanos, universo.

Aprender a vivir en unidad con cuanto nos rodea, sin perder nuestra identidad como individuos es lo que nos muestra el sentido de posición. Es unir el exterior desde el interior.

También nos invita a tomar conciencia de nuestra realidad como seres únicos, irrepetibles y autónomos; de tal manera que la interacción social no nos lleve al agotamiento, entendiendo que la clave no es ayudar al semejante, sino irradiarle vitalidad.

Este sentido también nos habla de la necesidad de contar con un espacio físico a fin de fortalecer la salud integral; de tal manera que el hacinamiento poblacional nos altera, al no contar con privacidad ni con espacios naturales. Un niño, al igual que un caballo, demanda un espacio de una hectárea para desarrollarse en armonía.

Nuestro yo social se sustenta en el yo individual, en donde se sintetiza y procesa toda experiencia de vida a fin de irradiarla e "integrarla" a los demás. El individuo no actúa desde el dar o controlar, sino desde el irradiar y crecer en la conciencia de ser componentes de la comunidad. Es cambiar el servicio por la colaboración.

Este sentido se fundamenta en la necesidad de establecer una interacción armónica con cuanto nos rodea, en una interacción amable, libre de violencia o destrucción, así como en el cuidado de cuanto nos rodea; ya que el medio ambiente será fundamental para un buen desarrollo, demandando calidad del aire, agua, alimentos y, sobre todo, convivencia humana y vida espiritual.

De aquí la importancia de aprender a interactuar con la naturaleza, los animales, la tierra y, sobre todo, con nuestro semejantes. Es tomar conciencia de que somos parte de la humanidad, en donde todo comportamiento humano es el fruto, en parte, de una forma de vida de la comunidad.

En último término, es apropiarnos de la conciencia de que somos individuos que nos desarrollamos en colectivo; de aquí la conciencia de la unidad, como un solo pueblo, como una sola humanidad.

Este sentido nos permite tomar conciencia de nuestro cuerpo, de tal manera que no necesito ver el pie para saber dónde está o poderlo levantar, y así sucede con todo el cuerpo. Se desarrolla a partir de la interacción familiar, aprendiendo a poner límites y reconocer nuestro espacio vital, con el cultivo de la amistad a nivel familiar, de pareja y laboral, a fin de vivir en armonía, desarrollando la orientación y la conciencia del cuerpo para no golpearlo.

El sentido de la posición nos demanda aprender a identificar la experiencia de unidad con cuanto nos rodea, como cuando nos sentimos uno con el auto o en el enamoramiento.

EL TRABAJO CON LOS SENTIDOS

A continuación relataré mi experiencia personal identificando las sensaciones y sentimientos a partir de mis sentidos:

Vista

La vista es uno de los sentidos que en lo personal me demandó mayor tiempo para poder identificar sus sensaciones, por esta razón es fundamental primero trabajar en la identificación de las sensaciones del movimiento y de la respiración.

Voy en carretera y el paisaje se extiende por todo el camino. Al ver el cielo experimento la sensación de dimensión, libertad, expansión, ligereza... Al ver a una persona que atraviesa de manera imprudente por la carretera, siento cómo mis ojos se sumen, a la vez que los músculos de brazos y piernas se contraen, en estado de alerta. También soy consciente de que, a partir de la vista, y de la interpretación del hecho como alarmante, se producen en mi cuerpo una serie de reacciones de alerta: tanto huesos como músculos, piel, estómago y respiración se modifican a un cierto nivel de tensión, como cuando se está a punto de iniciar una competencia; de tal manera que identifico como los sentidos del tacto y oído se alertan para recoger información adicional.

Oído

Estoy sentado y escucho la melodía tema de la película Titanic, misma que me genera un sentimiento de melancolía que se configura por las siguientes sensaciones:

Mi cuerpo cambia de vibración de tal manera que siento un despertar de toda la piel, la garganta se contrae ligeramente a consecuencia de incrementarse un líquido, como si fuese una corriente de agua que va directo al lagrimal, sin que salga ninguna lágrima; la respiración aumenta ligeramente, así como el ritmo cardiaco, que identifico perfectamente, sintiendo una expansión en el pecho; los tonos agudos de la cantante incrementan la vibración de las células de la piel de todo mi cuerpo, como si subieran de los pies hasta los ojos, acumulando una mayor vibración en mi rostro y creándome una fuerte necesidad de abrazar a mi esposa, por lo que tomo conciencia de que no solo identifico la vibración en la piel, sino también en los músculos del cuello, rostro, vientre y brazos; a la vez que me doy cuenta de que mis orejas están en total unidad con la vibración que se manifiesta en mi piel y en armonía con el escuchar.

Olfato

El olfato tiene una relación directa tanto con la calidad del aire como con los alimentos.

Por la mañana al salir de la casa y caminar por el jardín arbolado, lo primero que experimento es el frío del viento concentrándose en la punta de mi nariz y de allí pasa al diafragma medio, donde se calienta. Esta sensación contrae los músculos de mi cara, a la vez que identifican los pulmones la frescura de la mañana, generándome vitalidad, pues aumenta el estado de atención, como si despertara del todo.

En seguida identifico el olor a pino y siento una expansión, no sólo del tórax, sino en todo el cuerpo, como si los músculos se relajaran o se expandieran. Siento una gran ligereza al caminar, experimentando algo así como una disminución del peso del cuerpo sobre las plantas de los pies, en último término el cuerpo entero, tanto músculos, huesos, piel y órganos se aligeran, se podría decir que flotan.

Gusto

Este sentido no se puede separar del olfato, ya que ambos generan sensaciones concomitantes, es decir, que se encuentran estrechamente unidas y son complementarias.

Al regresar del jardín, percibo con el olfato que mi esposa prepara el desayuno. Al entrar a la casa advierto una serie de olores como el de la naranja, el yogurt de mango, la leche, y sobre todo el pan recién horneado. De inmediato siento cómo se llena mi boca de saliva, obligándome a dejarla pasar al estómago, a la vez que experimento expansión de las fosas nasales y la cavidad de la boca. Sin pensarlo froto la lengua contra el paladar como limpiándola a la vez que siento las papilas gustativas que están en la punta de la lengua.

Tomo el jugo de naranja, lo identifico fresco y conforme va de la boca al estómago me refresca. Como está frío, siento claramente cómo llega a mi estómago y genera una expansión. Tomo la papaya con un poco de yogurt de mango, siento la tensión del maxilar al masticar y su combinación con las glándulas salivales, a la vez que la combinación de sabores me genera una sensación de calidez relajante, que sube tanto por la piel como por los músculos del cuello, llegando al cerebro, donde experimento expansión, y una especie de vibración, como si recibiera un masaje interno.

El estómago recibe los alimentos como aceptando su función de vitalizarme: se expande, se aligera, y conforme continuo comiendo se inicia una experiencia de mayor necesidad a menor necesidad, lo que se siente como una disminución de la avidez por comer, de tal manera que, al terminar la fruta, tomo un pan recién horneado y más motivado por el olfato que por el gusto le pongo un poco de miel y lo meto a mi boca, donde tengo que tomar un poco del jugo de naranja para que no se me pegue en los dientes, experimentando una lucha entre el olfato, que demanda consumir más y la boca que ya no quiere más alimento. Siento una contracción de la saliva, un mayor esfuerzo en el maxilar y sobre todo en la lengua, que me demanda algo más ligero, como el agua, para pasar al estómago esa bola de engrudo, y entonces reconozco que ya es tiempo de levantarme de la mesa.

Tacto

Este es el sentido más extenso del cuerpo y que tiene una relación con todo lo que nos rodea, por lo que a este sentido yo lo llamo "la puerta de lo social". A mi parecer, es el sentido por el que percibo las experiencias de lo divino; ya sea Dios, los ángeles, la energía, o el amor de los seres queridos.

Me encuentro en un café platicando con un amigo, la conversación es interesante; pues él es un especialista en historia y con amabilidad responde a mis preguntas.

Siento como si mi piel estuviera en estado de alerta, manifestando la avidez que siento por entender, podría decir que está convertida en una antena parabólica que siente las vibraciones de las palabras que tocan mi rostro, pecho, hombros y brazos; los oídos están en un máximo de atención; por un momento siento que aumenta ligeramente la temperatura de las orejas, en relación con el resto del rostro.

Después de un buen rato de hablar sobre historia, la conversación cambia y me habla sobre la posible separación de su pareja, su palabra ya no tiene la firmeza de antes y de inmediato siento como la piel que va de la cintura a la cabeza se contrae, como queriendo no escuchar, o como deseando cobijarlo para evitarle el sufrimiento. Siento tensión muscular en el cuello y los hombros como si yo estuviese cargando con su pena. La piel adquiere una mayor tensión pues la atención también es mayor; esta es la preparación para una actitud de total escucha, pues mi propio cuerpo identifica la necesidad de permanecer callado y sólo intervenir cuando se me pida, lo que me causa una especial tensión: la cabeza genera mayor calor, con cierto nivel de esfuerzo, pues se encuentra en un estado de alerta, por si mi amigo demanda algún consejo.

La temperatura de la piel se eleva, y cuando escucho que ha sido engañado, siento como la piel se calienta y comienza a producirse un sudor frío que va impregnando mi piel de la cabeza a los pies, los vellos de la piel se erizan y paso de una temperatura cálida a un frío que parece traspasar la piel y llegar hasta mis huesos. Eso en el momento en que mi amigo ya no puede contenerse y suelta el llanto; a su vez, yo experimento una fuerte tensión en los ojos, provocada por el esfuerzo de no llorar. Siento la contracción del maxilar y la garganta, y caigo en cuenta del movimiento del pensamiento por buscar el consejo que le dé fuerza, en una dinámica donde la sangre corre más rápido, modificando ese frío en calor y al mismo tiempo me siento obligado a ejecutar varias respiraciones profundas, para restablecer el ritmo respiratorio, pues siento que me falta el aire.

Equilibrio

Este sentido es la puerta del lenguaje emocional, ya que de esto depende la posición corporal; con frecuencia lo ignoramos y perdemos el equilibrio interior y, con ello, el orden emocional. Siendo así, de alguna manera el sentido del equilibrio rige sobre los cinco sentidos: vista, oído, olfato, gusto y tacto.

En el caso que acabo de narrar, de la conversación con mi amigo el historiador, claramente vemos que, si la conversación hubiese sido con un extraño y no con un amigo, las sensaciones habrían sido diferentes al escuchar la revelación de la separación. Seguramente en la información histórica serían las mismas, pero no así en sus asuntos personales, ya que la amistad nos genera lazos de afecto y por esto experimentamos una mayor integración o separación de la persona con la que conversamos, debido a que el sentimiento de amistad nos unifica en las alegrías y las tristezas, pues la separación afecta tanto a mi amigo como a su pareja, a la cual también estimo.

Lo característico de este sentido es que se manifiesta en la posición del cuerpo, y de ahí se deducen nuestras percepciones. Tomaré el caso anterior para ejemplificar este sentido.

Mientras la plática se mantuvo en el ámbito histórico, mi cuerpo, es decir cara, ojos, cuello, hombros, tórax y cadera, estaban orientados, con una ligera inclinación, hacia la conversación del amigo, de tal manera que de tiempo en tiempo tendía nuevamente a enderezarme, como si estuviera frente a una aspiradora que me jalaba; por lo tanto, mi cuerpo en realidad se encontraba en movimiento, en una suerte de balanceo: un inclinarme y enderezarme con el movimiento de toda mi columna.

Con el cambio de tema en la conversación, la inclinación de mi cuerpo hacia el amigo fue mayor y ya no hubo ningún movimiento en retroceso; era como si mi persona se saliera del cuerpo y se uniera al amigo. El cuerpo perdió elasticidad, dejó de realizar aquel movimiento pendular de antes y se hizo uno con el amigo. En aquellos momentos, yo prácticamente ignoré mi cuerpo, como si dejara de percibirme durante un rato. Cuando terminó de hablar y yo comenté con él algunos aspectos que a mi parecer podrían ayudarlo, en ese momento volví a tomar conciencia de mi cuerpo; enderecé mi espalda contra el respaldo de la silla, y lo mismo hice con mi cuello y hombros, como un reflejo de la necesidad de recuperar la posición erguida y el movimiento; pues experimenté molestias en todo el cuerpo a nivel muscular, cuello, espalda, glúteos, hombros... Todo por haber permanecido un buen rato en estado estático.

En general, podemos decir que este sentido se manifiesta en el movimiento del cuerpo en busca de su equilibrio y nos aporta información respecto a la circunstancia que estamos viviendo, además de la relevancia que le atribuimos.

Posición

Este sentido es la puerta del lenguaje social, expresándose en esa experiencia la unidad o desunión con lo que nos rodea. Es un sentido integrador que demanda la participación de los otros seis sentidos, ya que se sustenta en los principios del bien común, la amabilidad y el buscar las soluciones de los problemas de la vida en comunidad y en relación con la naturaleza que nos rodea.

Este sentido lo desarrollamos con el movimiento al caminar, al andar en bicicleta, al convivir con los amigos, al visitar otras casas, viajar por otros países, así como al sentarnos, acostarnos, o movernos entre la naturaleza. Es un sentido que trabaja con el espacio.

Estoy paseando en bicicleta, entro en un valle y experimento amplitud; mis músculos se expanden y contraen, con ligereza experimento vitalidad, fuerza en las piernas, generándose un movimiento libre de esfuerzo. Siento como si el mundo exterior me acogiera, me arropara, es decir: me vitaliza. Después tengo que tomar un tramo de carretera; de inmediato, con los primeros autos que pasan a mi lado izquierdo, agudizo el oído, la piel interviene como una antena parabólica en estado de alerta, los ojos se entrecierran por una mayor atención, como queriendo ver por la nuca; la espalda, los brazos, las manos, los dedos, los hombros se contraen, generando esfuerzo tanto en piernas como en brazos, se incrementa el sudor del cuerpo, concentrándose en las piernas, las axilas y en la palma de las manos.

Nuevamente tomo una vereda que me retira de la carretera y el cuerpo poco a poco inicia un proceso de aligeramiento: dejo de sudar, disminuyo la presión de piernas, brazos y manos, de tal manera que retiro una mano y la dejo colgar del hombro para relajarla y cuando la siento expandida realizo el mismo ejercicio en la otra. La respiración y el latir del corazón retoman un ritmo que me da energía y siento que ya no pierdo vitalidad, nuevamente adquieren fuerza las piernas, de tal manera que ya no gasto energía, sino que la incremento.

Inicio la subida por una loma en donde me encuentro con árboles, siento como trabajan ojos y piel, como si fuese un radar que indica tanto la velocidad como la distancia, para no tocar ningún árbol y librar perfectamente el paso con la bicicleta.

Al llegar a la cima de la loma e iniciar el descenso, la tensión se invierte de las piernas a los brazos, tórax, columna y sobre todo en las manos, pues se necesita regular la velocidad con los frenos y experimento un estado total de alerta en la piel, a la vez que los músculos se flexibilizan por si tengo una caída.

Este sentido presupone todos los anteriores, ya que, de perder la conciencia del cuerpo, es fácil perderse en el exterior.

SENSACIÓN Y SENTIMIENTO

Confío en que esta descripción de sensaciones no solo ayude a comprender y diferenciar entre sensación y sentimiento, sino que, sobre todo, nos haga tomar conciencia de la importancia de la respiración, la motricidad y los siete sentidos como punto de partida para aprender a sentir y así identificar con precisión el sentimiento que brota como aviso para actuar.

Para facilitar la comprensión de lo que significan las sensaciones, a diferencia de los sentimientos, a continuación daré un conjunto de términos que expresan un conjunto de sensaciones sintetizadas:

Sensaciones de relajación y bienestar

Distensionar. Relajar. Apapachar. Cubrir. Irradiar. Expandir. Ligero. Flotar. Cálido. Tibio. Energetizado. Sensación de unidad con lo que me rodea. Células con movimiento armónico.

Sensaciones de tensión y contracción

Opresión. Contracción. Atado. Encerrado. Compactado. Nudo en la garganta. Pecho oprimido. Vientre oprimido. Sensación de ahogo. Hombros pesados. Hombros cargados. Sensación de pegar contra algo que impide moverme. Paralizado. Como si fuera de plomo.

Sensaciones de movimiento y energía

Despertar. Hormigueo. Vibración o temblor de piernas. Vibración o temblor de brazos. Vibración o temblor en el cuerpo. Vibración en el estómago. Rebotar. Jalar. Atraer. Escurrir. Energía que sale por la piel, los dedos, la frente o el pecho. Un viento que recorre el cuerpo.

Sensaciones de expansión y ligereza

Expansión. Inflado. Por dentro. Por fuera. En el lugar. Energía por la piel. Caer al vacío. Flotar. Sensación de amplitud corporal.

Sensaciones respiratorias

Respiración agitada. Respiración lenta. Dificultad para respirar. Pecho oprimido.

Vientre oprimido. Sensación de ahogo.

Sensaciones del estómago y el vientre

Estómago duro. Estómago distensionado. Estómago sumido. Hueco en el estómago. Vibración en el estómago.

Sensaciones térmicas

Frío. Tibio. Cálido. Sudar. Piel de gallina. Ardor en la piel. Ardor en los ojos. Piel irritada.

Sensaciones de fragmentación

Desguanzado. Dividido. Craquelado. Encerrado. En caída libre. Invadido. Paralizado.

Sensaciones visuales y perceptivas

Veo luz brillante. Veo negro. Me siento nublado.

Sensaciones localizadas del cuerpo

Piquete en la cadera. Cuello inclinado o chueco. Rodillas que truenan al caminar. Codo que truena. Cuello que truena. Ardor en la planta de los pies. Mano hinchada. Pulsaciones del corazón en los dedos. Corazón golpeando el pecho. Siento un piquete en la cadera. Siento que me truenan las rodillas al caminar, o mover el codo, o el cuello. Me arde la planta de los pies. Siento hinchada la mano. Me arden los ojos. Siento irritada la piel...

EN SÍNTESIS

Espero que esta descripción les facilite la comprensión de lo que significan las sensaciones y logremos diferenciarlas de los sentimientos.

Los siete sentidos se expresan mediante sensaciones, ya que de esta manera nos ponemos en contacto con el exterior y con nosotros mismos.

Los primeros cinco sentidos nos permiten percibir el mundo físico.

El equilibrio nos ayuda a reconocer nuestro estado emocional y la manera en que nos relacionamos con la realidad.

La posición nos permite ubicarnos dentro de la comunidad y del entorno.
Juntos, los siete sentidos, constituyen la base

para identificar sensaciones, comprender los sentimientos y avanzar en el autoconocimiento.

Un sentimiento es la síntesis de un conjunto de sensaciones.

Las sensaciones son, por ejemplo, frío, calor, pesado, expandido, tenso, tibio, caliente, molestia, etc.

Los sentimientos son, por ejemplo, alegría, tristeza, tranquilidad, enamoramiento, dolor, paz, etcétera.

CAPÍTULO III

Es la hora de aprender

Este es el nivel de la práctica, es decir, de utilizar cuanta técnica tengamos a la mano para aprender a sentir el cuerpo, pues de esto depende el autoconocimiento y el aprender a sentir la vida.

La actividad fundamental de este método de autoconocimiento pide un periodo largo para aprender que, tanto el cerebro como el corazón, pongan su atención al cuidado del cuerpo y, desde ahí, nos relacionemos con el exterior, asegurando que podamos sentir las sensaciones que generan los siete sentidos.

Entender el lenguaje afectivo

El siguiente paso de este método es identificar el lenguaje afectivo, ya que es el camino directo al autoconocimiento, pues la vida se siente.

Definición de afectividad

Antes de presentar la definición de afectividad, quiero aclarar que no se puede definir con precisión, ya que la afectividad es una experiencia personal, única y autónoma.

Por esta razón los invito a establecer una actitud de comprensión de esta interpretación que doy, pues la considero subjetiva y está tomada con base en mi experiencia, y no será fácil de entender si no se ha tomado conciencia de los sentimientos.

Afectividad: Es la manera como se manifiesta la energía que brota de la vida interior. De aquí que podamos decir que la afectividad es la energía vital que se muestra a través de sensaciones, estados anímicos y sentimientos que, a su vez, surgen de las actitudes o formas de entender la vida.

Si aceptamos que la afectividad es la manifestación de la vitalidad, entenderemos la importancia de la educación o apropiación de esta energía vital, la cual no puede estar separada del actuar o pensar.

Educar la afectividad es aprender a identificar los sentimientos que brotan al establecer contacto, tanto con el exterior como con la interioridad.

En el último término, es apropiarnos de la actitud del aprendiz, lo que asegura una total flexibilidad en este proceso de vida; poniendo el hincapié en el cuerpo y no en el hacer, sino en el experimentar, para aprender a disfrutar de la actividad o vivir cotidiano.

La actitud del aprendiz no tiene expectativas, pues toda su atención está inmersa en la dinámica de la vida, que es un proceso que demanda flexibilidad.

La dificultad ante la que nos enfrentamos, es que la educación ha fomentado la actitud del querer, imponiendo metas y expectativas a la existencia, ignorando que la vida tiene su propio proyecto. Nuestra participación consiste en hacer conciencia de la dinámica vital y no en generar un doble movimiento de objetivos entre lo que queremos y lo que demanda nuestra naturaleza. Es por esto que vivimos en la prisa, la ansiedad, la angustia y toda una serie de sentimientos que terminan ocasionando enfermedad y autodestrucción.

Educarnos es aprender a entender y reconocer a nuestra naturaleza humana desde sus leyes; entendiéndolas a fin de responder y ocuparnos de las demandas diarias de la existencia, asegurando una vida sustentada en la tranquilidad, la armonía, la paz y la contemplación. Es poner la atención en entender la propia dinámica de nuestra naturaleza, por lo que tenemos que cultivar la actitud de aprendiz.

EL LENGUAJE AFECTIVO

ACTITUDES ANTE LA VIDA

Con base en el lenguaje afectivo, abordaremos primero la manera como interpretamos la vida. Para esto nos sustentaremos en los ocho pecados capitales y las ocho virtudes, ya que son actitudes de vida. Esto con el fin de facilitar el descubrimiento del lugar donde nacen los sentimientos destructivos u ordenados que experimentamos y para educarnos en la tranquilidad y la armonía, que son la forma natural de la vida.

Los ocho pecados capitales
y los sentimientos aviso

El término pecado proviene del griego hamartía, que significa 'errar el blanco' o 'perder el camino'. Desde esta perspectiva, el pecado no sería solamente una falta moral, sino alejarnos de nuestra naturaleza y de aquello que nos conduce a la tranquilidad y la armonía.

Por esta razón, este planteamiento usará como referencia 8 pecados capitales. Es una propuesta para ayudarnos a cruzar del caos a la luz, de la ignorancia al conocimiento.

El ser humano, por naturaleza, busca asimilar la manera como vive su comunidad, la cual en este momento histórico se encuentra en un total caos emocional. Estamos atrapados en formas de vida que compaginan lo que llamaremos aquí "los 8 pecados capitales" y de los cuales necesitamos liberarnos para sustituirlos por las virtudes.

Los pecados capitales, como los ha llamado la iglesia, nos hablan de formas de vida autodestructivas que se configuraron por ignorar los sentimientos-aviso, debido a la ausencia de una educación del lenguaje afectivo.

Los pecados capitales son:

Envidia, ira, lujuria, gula, soberbia, pereza, avaricia y acedia que se expresa en tristeza, siendo éste último un sentimiento que domina en la sociedad en estos tiempos.

Hablar de "pecado capital" es referirnos a una forma de vida totalmente autodestructiva que se inserta en el inconsciente de tal manera que determina la forma de reaccionar ante los acontecimientos de la vida cotidiana, generando violencia tanto interna como externa.

De no liberarnos de estos comportamientos, estaremos impedidos de contar con una salud integral, a la vez que nos alejaremos de la tranquilidad y la armonía.

Necesitamos auto observarnos y comprender que el origen de estas actitudes está en la ignorancia del lenguaje afectivo, que se sustenta en dos factores:

1. La manera de ver la vida (nuestras creencias o principios de vida)
2. El nivel de vitalidad

Estos dos factores determinarán la forma en que recogen información los siete sentidos, generando sensaciones que son los componentes de los sentimientos. Éstos a su vez nos informan si nos alejamos o acercamos a nuestra naturaleza, como lo mostramos en el diagrama del lenguaje afectivo.

Los sentimientos los hemos clasificado en: ordenados y desordenados. A su vez, los desordenados los dividimos en sentimientos-aviso y sentimientos autodestructivos, los cuales tienen su origen en la manera de ver y abordar la vida (los 8 pecados capitales).

Para identificar cuáles pecados capitales nos afectan, contamos con los sentimientos aviso: el miedo, la prisa, el cansancio, el dolor, la angustia y el enojo; los cuales nos ayudan a identificar y cambiar la actitud que nos está dañando.

Con este planteamiento, si ponemos atención a los sentimientosaviso, podremos educarnos en el lenguaje afectivo, llevándonos a vivir en la tranquilidad, la armonía y la paz.

1. La envidia o codicia

Surge de la necesidad de competir, de buscar la identidad con base en la comparación; manejando el juicio y, sobre todo, necesitando la aceptación no en nosotros mismos, sino en la aprobación de los demás.

El sentimiento aviso de este pecado está en el miedo de no ser aceptados. Al poner la atención en la aceptación de los demás, ignoramos este sentimiento de miedo, el cual agudiza los sentidos y es una invitación para aprender a reconocernos como persona únicas, irrepetibles y autónomas; por lo que el aviso es dirigido a la aceptación de uno mismo.

Recordemos que si ignoramos el miedo, pasamos al sentimiento de pánico paralizándonos y por esto, buscamos la solución afuera, fortaleciendo la envidia e ignorando los daños que nos genera.

Si queremos salir de esta forma de vida, *necesitamos trabajar en el autoconocimiento, en el reconocimiento de nuestra identidad, de vernos como únicos, irrepetibles y autónomos*; donde la comparación no tiene cabida y mucho menos el querer moldear a los demás como "nosotros queremos".

2. La ira

El rencor es una forma de vida que surge cuando no escuchamos al enojo. El enojo es un sentimiento aviso que nos muestra que una de nuestras creencias ha sido cuestionada; sin embargo, cuando no comprendemos su mensaje y permanecemos atrapados en él, este aumenta en intensidad.

De esta manera, el enojo puede convertirse en coraje. Si continúa creciendo, puede expresarse como ira cuando estallamos hacia el exterior, o como cólera cuando reprimimos su expresión. Cuando esta dinámica se vuelve repetitiva y permanente, termina convirtiéndose en una forma de vida: el rencor.

La persona rencorosa permanece alterada durante días, meses o incluso años, recordando una y otra vez el acontecimiento que le generó enojo. Poco a poco, esta forma de vida alimenta el odio hacia personas, grupos o circunstancias que no se comportaron como esperaba.

Si queremos liberarnos del rencor, *necesitamos experimentar el daño que nos genera.*

Solo al sentir sus efectos en el cuerpo y en nuestra vida podremos tomar conciencia de su carácter autodestructivo. Es necesario, además, eliminar las creencias de ser aceptados por los demás, sabiendo que todo cuanto acontece no es un trauma, sino una oportunidad para aprender a vivir con base a nuestra naturaleza.

3 y 4. La lujuria y la gula

Ambos comportamientos surgen de ignorar la prisa. Esta nos conduce a la ansiedad y, posteriormente, a una sensación permanente de vacío. En lugar de satisfacer una necesidad real, buscamos llenarla mediante experiencias externas que producen un alivio momentáneo, pero que poco después incrementan nuevamente la sensación de insatisfacción. De esta manera, el comer, comprar o la interacción sexual pueden convertirse en comportamientos compulsivos

No escuchar la prisa nos aleja de aprender a disfrutar la vida. En lugar de encontrar satisfacción en nuestro mundo interior, la buscamos en los bienes materiales o en las personas, a quienes terminamos tratando como objetos destinados a cubrir nuestras carencias. Sin embargo, esa búsqueda nunca logra satisfacernos plenamente.

Por el contrario, aumenta la sensación de vacío y nos impulsa a seguir buscando más, convirtiéndose en una carrera sin fin que alimenta la ansiedad y el vacío existencial.

La manera de liberarnos de estos comportamientos autodestructivos consiste en *sentir la ansiedad y experimentar el grado de desgaste que nos provoca*. Esta toma de conciencia nos permite reconocer el daño que nos genera y nos impulsa a modificar nuestra forma de vida. A partir de ahí podemos aprender a generar vitalidad disfrutando cuanto vivimos, sintiendo la respiración, la motricidad, la amistad, el trabajo y la vida interior, fortaleciendo así el sentimiento de tranquilidad, uno de los principales generadores de vitalidad.

Esto presupone haber aprendido a sentir, unificando el cerebro, el corazón y el cuerpo. Los sentimientos aviso, como la prisa y la ansiedad, nos permiten *identificar las molestias que surgen cuando nos alejamos de nuestra propia naturaleza*. Gracias a ellos podemos reconocer nuestras necesidades reales, aprender a nutrirnos adecuadamente y cultivar la amistad, para relacionarnos con los demás como personas y no como objetos destinados a satisfacer nuestras carencias.

5. La soberbia

Es una forma de vida que parte de creer que poseemos la verdad. Si partimos de ahí, no necesitamos aprender, pues prácticamente creemos saberlo todo y dejamos de estar abiertos a nuevos conocimientos. Esta forma de vida nos aleja del pensar y nos conduce al juzgar, ya que estamos repletos de creencias que identificamos con la verdad, alejándonos de la experiencia de la vida.

Estamos convencidos de que los conceptos son la realidad; de tal manera que terminamos sometiendo al cuerpo y a todo cuanto nos rodea a nuestras creencias. Por eso discutimos para defender nuestra verdad; por eso nos cuesta escuchar, alejándonos del diálogo, rompiendo la unidad comunitaria y ejerciendo el poder cada vez que tenemos la oportunidad.

Esta forma de vida puede identificarse con el sentimiento aviso que llamamos cansancio. Cuando lo ignoramos, se transforma en agotamiento y nos lleva a endurecernos cada vez más en nuestras posiciones. Dejamos de aprender, dejamos de escuchar y terminamos defendiendo nuestras ideas por encima de las personas y de la realidad misma.

Recordemos que esta forma de vida suele manifestarse mediante el control. Al creer que poseemos la verdad, intentamos imponerla sobre nuestro cuerpo, sobre los demás y sobre la comunidad. Así, el poder deja de ser servicio y se convierte en una forma de dominación.

Si deseamos liberarnos de esta forma de vida, necesitamos *tomar conciencia de la tensión y rigidez que generamos en nuestro cuerpo, no solo en músculos y huesos, sino también en los órganos vitales.* Al sentir el costo físico y emocional de esta rigidez podremos reconocer sus efectos autodestructivos y abrirnos nuevamente a la actitud de aprendiz, que presupone flexibilidad, escucha y disposición para crecer. De esta manera fortalecemos la tranquilidad y recuperamos nuestra capacidad de aprender de la vida.

6. La acedia

La acedia espiritual es una profunda apatía, pereza o tristeza del alma que provoca hastío y desinterés en la vida en general.

Este pecado nos lleva a vivir con una actitud de molestia, de no sentir cómoda la existencia, de tal manera que se experimenta angustia, sentimiento que nos habla del control, de querer resolver lo que no está en nuestras manos, ya que eso nos haría jugar a ser dioses.

De ignorar el sentimiento aviso de la angustia, pasamos a la tristeza, luego a la decepción, lo que lleva a la depresión y, finalmente a la total destrucción de la existencia humana: el suicidio.

Si deseamos salir de este pecado autodestructivo —para mí el más dañino—, necesitamos sentirlo y verificar el grado de deterioro que nos genera. Por otra parte, debemos fortalecer la espiritualidad, aceptándonos como seres eternos y sobre todo, reconocernos como hijos de Dios, a fin de fortalecer la alegría por vivir.

Por tanto, *pongamos mucha atención cuando aparece el sentimiento de la angustia*, a fin de sentirlo y experimentar su daño; de tal manera que, al hacerlo consciente, es decir, "al sentirlo", podamos liberarlo y no permitir que aumente su energía destructora.

7. La pereza

La pereza es una actitud de vida donde negamos el esfuerzo al resaltar el placer inmediato. Esta actitud ignora el sentimiento aviso que llamamos cansancio; de tal manera que la persona deja de escuchar las necesidades de su naturaleza y termina viviendo en un estado permanente de agotamiento. Al evitar el esfuerzo necesario para crecer, aprender y desarrollarse, pierde poco a poco el sentido de la existencia y permanece atrapada en la dependencia, como si continuara siendo un niño.

Si deseamos salir de esta forma de vida, necesitamos experimentar el cuerpo, sentir los dolores, molestias y limitaciones que esta actitud nos genera, a fin de reconocer la necesidad de un cambio. Solo al tomar conciencia de sus efectos podremos despertar el interés por transformar nuestra manera de vivir.

Por otra parte, necesitamos aprender a generar vitalidad. Para ello contamos con diversas fuentes de energía humana, como el ejercicio, la respiración, la alimentación, el aprendizaje, la amistad, la vida interior y, sobre todo, el trabajo entendido como una oportunidad para crecer y desarrollarnos.

Este proceso demanda iniciativa y perseverancia, por lo que el apoyo de la comunidad será fundamental. *La amistad, el acompañamiento y la colaboración* nos ayudarán a fortalecer una actitud activa ante la vida, sustituyendo la dependencia por la responsabilidad y el agotamiento por la vitalidad.

8. La avaricia

Es una forma de vida atrapada en la materia, de tal manera que el dinero y los bienes materiales se convierten en la razón principal de la existencia.

Bajo esta actitud buscamos seguridad, reconocimiento y bienestar en aquello que poseemos, alejándonos poco a poco de la comunidad y de las relaciones humanas que verdaderamente nos nutren.

La ansiedad asociada a la acumulación nos muestra este comportamiento. Vivimos preocupados por tener más, conservar lo que poseemos o evitar cualquier pérdida, creyendo que nuestra tranquilidad depende de los bienes materiales. Si queremos salir de esta forma de vida, necesitamos experimentar las sensaciones que surgen ante la posibilidad de perder aquello que hemos acumulado, ya sea dinero, propiedades o cualquier bien material. Al tomar conciencia de la alteración, el miedo y la tensión que esta posibilidad genera en nuestro cuerpo, podremos reconocer el grado de dependencia que hemos desarrollado hacia lo material.

A partir de esta conciencia podremos fortalecer una nueva manera de vivir, sustentada en la amistad, la comunidad y las relaciones humanas. Estas formas de riqueza no dependen de la posesión ni están sujetas a la pérdida material, por lo que constituyen una fuente mucho más profunda de bienestar.

EN SÍNTESIS

Podemos decir que estas ocho formas de vida (o pecados) suelen sostenerse mediante la necesidad de controlar.

Intentamos controlar a las personas, los acontecimientos, los bienes materiales, nuestro cuerpo e incluso aquello que no está en nuestras manos.

El proceso de liberación implica trabajar en la aceptación de nosotros mismos, en la flexibilidad y, sobre todo, en aprender a escuchar nuestra naturaleza.

Al apropiarnos del lenguaje afectivo, que es la manera como el cuerpo nos habla, aprenderemos a cuidarlo y conducirnos hacia los sentimientos virtuosos, y a vivir en tranquilidad, armonía y paz.

Las ocho virtudes o formas de vida consciente

En este capítulo hablaremos de virtudes y a las actitudes de vida que son acordes a nuestra naturaleza, con la finalidad de liberarnos de las actitudes ancla, inconscientes, que hemos identificado como pecados capitales.

En la cultura de la obediencia se nos habló de ocho pecados y ocho virtudes como opuestos, como es lo normal en esa cultura donde se ve la existencia como antagónicos: negro-blanco, error-acierto, bueno-malo, vida-muerte.

Por esto es que los pecados capitales se ven como opuestos a las virtudes.

a) Planteamiento de la cultura de la obediencia

Contra la soberbia, humildad.
Contra la ira, paciencia.
Contra la gula, templanza.
Contra la lujuria, castidad.
Contra la pereza, diligencia.
Contra la avaricia, largueza.
Contra la acedia, alegría.

b) *Planteamiento en una visión desde la conciencia*

Tanto los sentimientos primarios como los evolucionados o educados no son opuestos, sino parte; ya que unos son origen y otros el término. Por lo tanto, podemos decir que los pecados tienen la misma energía que las virtudes, la diferencia está en que la primera está desordenada y la segunda ordenada.

En este sentido, el planteamiento del pecado hacia la virtud no es un opuesto, sino un proceso:

1. De la soberbia a la actitud de aprendiz.

2. Del rencor a la actitud del amor.

3. De la gula a la nutrición.

4. De la lujuria a la amistad.

5. De la pereza al trabajo.

6. De la codicia a la solidaridad.

7. De la avaricia a la conciencia de seres de comunidad.

8. De la acedía al gusto o alegría por vivir.

PROCESOS DEL PECADO HACIA LA VIRTUD

1. De la soberbia a la actitud de aprendiz

La soberbia es una actitud que parte de la creencia de tener la verdad, la razón, de poseer el conocimiento total. De aquí la incapacidad de aprender algo nuevo y sobre todo, de escuchar, al convertirnos en jueces de los demás, del mundo y del universo.

La actitud de aprendiz es un comportamiento sustentado en la flexibilidad, en el interés por entender la vida y cuanto nos rodea, siempre dispuestos a escuchar y por esto a dialogar, para encontrar soluciones; generándonos el sentimiento de la tranquilidad conforme logramos entender con mayor claridad lo que sucede a nuestro alrededor.

2. Del rencor a la actitud del amor o unidad

Este sentimiento brota de las creencias de poder, sustentadas por la fuerza y la necesidad de controlar, de tal manera que terminamos odiando a quienes se oponen a nuestras creencias, las cuales tomamos como verdades.

El amor es la actitud de la unidad y por esto, es la energía del rencor ordenada, ya que cuando la energía se unifica, se genera un estado de vitalidad que se manifiesta en la armonía.

3. De la gula a la salud, que se sustenta en la nutrición

La gula es un comportamiento que surge de la ansiedad por ingerir alimentos, tras la necesidad de experimentar placer mediante el gusto.

Este sentimiento surge de la creencia de que la abundancia está en la buena mesa y la buena comida. Dichos como "las penas con pan son menos" y creencias similares, convierte a la comida en el canalizador de nuestras frustraciones.

Educar la gula es destinar tiempo para que el sentido del gusto identifique las sensaciones que nos generan los alimentos y así, aprender a escuchar el cuerpo, que mediante el antojo determina la alimentación y nutrición, que tiene como característica comer bajo los principios de la tranquilidad.

En último término, es pasar de una alimentación sustentada en la ansiedad, a una alimentación sustentada en escuchar al cuerpo para sentir la tranquilidad y, sobre todo, *la satisfacción.*

4. De la lujuria al cultivo de la amistad

La lujuria brota de la creencia de que los valores supremos de la vida, son el gozo y el placer, que llevan tanto al uso del cuerpo propio como del ajeno.

La educación de esta actitud que va de la lujuria a la amistad, es caminar por el aprendizaje de la autonomía emocional para liberarnos de la dependencia y de todo aquello que nos lleva al control y dominio, para asegurarnos gozo y placer al incursionar por los caminos de la aceptación, la autonomía y el afecto sin condiciones, a fin de experimentar la armonía.

Al generarse la conciencia de que la felicidad no está afuera, sino dentro y por otra parte, aprender a ver a mi semejante no como un objeto de placer, sino como una persona, donde su riqueza no radica en su cuerpo, sino en su interior. El cultivo de la amistad se da mediante el diálogo para conocernos, siendo una necesidad fundamental para nuestro desarrollo como seres de comunidad.

5. De la pereza al trabajo que brota del conocimiento de las cualidades y características propias

La pereza es un estado de pérdida de energía, por lo cual el ser humano no tiene interés por participar y su comportamiento se orienta a la comodidad, al no querer aprender y especialmente a depender de los demás, evitando todo esfuerzo en el actuar y en el pensar.

Este sentimiento surge de la creencia de que el mejor esfuerzo es no hacer nada y eso es de inteligentes y por otra parte se vive en un estado de total agotamiento, lo que nos aísla de la realidad.

Educar este sentimiento es caminar por el autoconocimiento, a fin de identificar las cualidades y desempeñar un trabajo con la finalidad de aportar nuestras cualidades en al crecimiento de la comunidad; lo cual genera vitalidad, potencializando la existencia que brota del interior.

6. *De la codicia o envidia a la solidaridad*

La codicia es propia de una cultura basada en la obediencia, la competencia y la búsqueda constante de sobresalir. Es una actitud que nace de la comparación con los demás y de la creencia de que el valor de la persona depende de lo que posee, logra o acumula.

Esta forma de vida nos aleja de reconocer nuestra condición de seres únicos, irrepetibles y autónomos. Al compararnos permanentemente con los demás, dejamos de valorar nuestra propia naturaleza y perdemos la conciencia de que formamos parte de una comunidad donde cada persona tiene un lugar y una aportación distinta.

Caminar de la codicia a la solidaridad es un proceso educativo que se sustenta en el autoconocimiento, en la aceptación de nuestra irrepetibilidad y autonomía, y en el reconocimiento de que el bienestar humano se construye en interacción con la comunidad. De esta manera fortalecemos una forma de vida basada en la colaboración, la amistad y la armonía.

7. De la avaricia a la conciencia de seres de comunidad

Si algo caracteriza el momento histórico en el que estamos es el valor que le damos al dinero, de tal manera que la vida gira en base a ganar y acumular bienes materiales, con el fin de garantizar el bienestar, la seguridad, la felicidad, la realización, el prestigio.

El cultivo de la vida interior es el camino para fortalecer la autonomía y entender que los bienes materiales, así como el dinero, son medios para el cuidado y desarrollo de la vida, delimitando así la interacción con el mundo material, ya que en este no se encuentran ni la vida, ni la felicidad, ni la seguridad o la realización personal.

Este proceso educativo se sustenta en el autoconocimiento a partir de *fortalecer la vida interior.*

La autonomía no es el desprecio de los bienes, sino la sana interacción con ellos para permitir el desarrollo humano, a fin de vivir en armonía como sustento de la solidaridad.

8. *De la acedia al gusto por vivir*

La actitud de la acedía nos lleva a la depresión y, en último término, al desprecio por la vida. Como efecto de esa experiencia angustiante que se genera al querer controlar lo que no está en nuestras manos, provoca la pérdida de energía, aumentando la angustia, llevándonos al suicidio.

El gusto por vivir es, nuevamente, la síntesis de las virtudes, que son los sentimientos educados, y a su vez son el fruto de la apropiación del regalo de Dios, que es la vida misma.

De aquí la importancia de la educación del mundo afectivo que nos lleva de actitudes primarias y por lo tanto sentimientos desordenados que nos autodestruyen, a actitudes evolucionadas y sentimientos orientados, a fin de disfrutar y degustar la vida misma que día con día se desarrolla.

EN SÍNTESIS

Los sentimientos primarios son energías vitales en desorden que nos lanzan al exterior, llevándonos al placer que se genera afuera y no en el interior.

Esta energía en desorden genera agotamiento, mediante los sentimientos de ansiedad o angustia, al no lograr obtener satisfacción. Por eso buscamos el poder, mismo que se expresa en el control y la enfermedad, tanto personal como social.

Por el contrario, las virtudes son energías organizadas desde nuestro interior que nos llevan a disfrutar la existencia, por esto presupone el autoconocimiento y la apropiación de la vida interna.

Las virtudes son actitudes que fortalecen la unidad y son el resultado de la educación de los pecados capitales, lo que nos conduce a prepararnos para experimentar la unión tanto interna como externa, generando así los sentimientos de tranquilidad, armonía y paz.

GENERACIÓN DE ENERGÍA Y VITALIDAD

*La vitalidad como sustento
del lenguaje afectivo*

El lenguaje afectivo tiene una relación directa con el nivel de vitalidad, ya que de este dependerá, en gran medida, la manera en que experimentamos los sentimientos. Cuando contamos con poca vitalidad o energía de vida, vemos todo con dificultad y tendemos a percibir la realidad de manera negativa. En estas condiciones nos sentimos inseguros y nos aferramos a normas establecidas y creencias fijas, pues nos ofrecen una aparente sensación de certidumbre.

Esta forma de vivir favorece la rigidez y disminuye la flexibilidad.

Como consecuencia, surgen sentimientos autodestructivos como la ira, el rencor, la tristeza, el agotamiento, el estrés o incluso el pánico.

Lo anterior nos lleva a comprender que la vitalidad es una necesidad fundamental para entrar en el proceso de aprendizaje y desarrollar el lenguaje afectivo. Por ello es necesario trabajar primero en *fortalecer nuestra vitalidad.*

Una de las principales fuentes de vitalidad es la respiración. El aliento ha sido considerado fuente de vida por múltiples tradiciones de Oriente y Occidente. Cuando aprendemos a respirar de manera profunda y consciente, favorecemos nuestro bienestar físico y emocional, incrementando nuestra sensación de energía y presencia.

El ejercicio moderado también fortalece la vitalidad, pues activa el cuerpo y favorece la salud integral. Sin embargo, como ocurre con muchas actividades humanas, el exceso puede producir agotamiento y disminuir nuestros niveles de energía.

Otra fuente importante de vitalidad es el aprendizaje. Cuando aprendemos algo nuevo y significativo experimentamos entusiasmo, curiosidad y energía.

No obstante, también es necesario administrar adecuadamente este entusiasmo para evitar la tensión excesiva y el desgaste.

La alimentación constituye igualmente un elemento fundamental para sostener la vitalidad, especialmente cuando es suficiente, equilibrada y se vive como una experiencia agradable. Sin embargo, es importante reconocer que la energía humana no proviene únicamente de los alimentos. También nos vitalizamos mediante la respiración, el ejercicio, el aprendizaje, el trabajo, la convivencia y la vida interior.

La convivencia ocupa un lugar especial dentro de las fuentes de vitalidad. Los seres humanos somos seres sociales y, particularmente a través de la amistad, obtenemos una de las formas más profundas de energía humana. Las experiencias de amistad, solidaridad o colaboración, además del enamoramiento, fortalecen nuestra vitalidad y nos ayudan a experimentar entusiasmo, alegría y sentido de pertenencia.

Otro ámbito donde se genera energía es el trabajo, especialmente cuando se sustenta en la creatividad y en el ejercicio de nuestros talentos y habilidades. Cuando el trabajo se orienta al servicio y a la contribución con la comunidad, se convierte en una fuente importante de fortaleza, entusiasmo y bienestar.

Por esta razón es importante comprender el valor del trabajo más allá de la obtención de bienes materiales. Mantenernos activos, creativos y vinculados con la comunidad contribuye al fortalecimiento de nuestra vitalidad y favorece una vida más plena.

Finalmente, encontramos una fuente esencial de energía en la vida interior. El autoconocimiento, la reflexión, la espiritualidad y el disfrute de nuestra propia compañía nos permiten generar vitalidad y liberarnos de dependencias respecto de bienes materiales, personas o creencias que limitan nuestro crecimiento.

Al hablar de vitalidad es fundamental comprender que necesitamos aprender a administrarla, tanto en su generación como en su utilización. Una disminución importante de la vitalidad favorece la aparición de sentimientos desordenados y comportamientos autodestructivos. Por el contrario, cuando cultivamos adecuadamente nuestras fuentes de energía, favorecemos la experiencia de sentimientos como la tranquilidad, la armonía y la paz.

Hablando de la vitalidad, quiero poner énfasis en la necesidad de tomar conciencia de que debemos aprender a administrar la energía, tanto en su generación como en su utilización, a fin de no caer en un gasto excesivo de energía, pues, como ya hemos dicho, una baja de vitalidad da lugar al surgimiento de sentimientos desordenados. Para dar mayor claridad, se puede "medir" el nivel de vitalidad, en una escala de 1-10. Si hay un nivel tan bajo como 1 a 3 daría lugar a sentimientos desordenados, mientras que un nivel tan alto como de 8 a 10 produciría sentimientos como la paz y la armonía.

EN SÍNTESIS

Recapitulando un poco, podemos decir que, para educarnos en el lenguaje emocional, es prioritario trabajar en la generación de vitalidad y aprender a administrarla.

Cuando analicemos algún sentimiento aviso o sentimiento desordenado, lo primero que debemos hacer es evaluar nuestro nivel de vitalidad, pues es posible que dicho sentimiento tenga su origen en una disminución de nuestra energía.

Esto hace indispensable trabajar de manera consciente en la respiración, el ejercicio, la alimentación, la convivencia, el trabajo, el aprendizaje y la capacidad de disfrutar la soledad; pues es en la intimidad de nuestro interior donde aprendemos a escucharnos.

Una vez comprendida la importancia de la vitalidad y de la manera en que interpretamos la vida, podemos avanzar hacia el estudio de las sensaciones. Estas constituyen la manifestación inmediata de nuestra interacción con la realidad y reflejan tanto nuestras actitudes ante la vida como nuestro nivel de vitalidad. Por ello, las sensaciones representan el punto de partida para comprender el lenguaje afectivo y profundizar en el autoconocimiento.

DETONANTE	SENTIMIENTO AVISO	SENTIMIENTO DESORDENAD[O]
• Sistema físico de autoprotección producto de tu naturaleza	MOLESTIA	DOLOR
• Cansancio de estar a la defensiva y en estado de sobrevivencia • Creencia de que posees la verdad con el fin de defenderte	ENOJO	CORAJE
• Posesión del otro • Necesitas la seguridad de los bienes = dinero para vivir • Tienes deseos o expectativas insatisfechos	PRISA	ANSIEDAD
• Competencia • Compararse con otros	MIEDO AL RECHAZO	NECESIDAD DE SER ACEPTADO
• Quieres poseer la verdad • Crees que los conceptos mentales son la verdad • Tu vida carece de sentido	CANSANCIO	AGOTAMIENTO
• Tratas de resolver lo que no está en tus manos • Intentas negociar con la divinidad para controlar el futuro	ANGUSTIA	DECEPCIÓN

SENTIMIENTO DESORDENADO EN AUMENTO	FORMA DE VIDA	CÓMO MEJORAR
UMBRAL ALTO NEGACIÓN DE LOS SENTIMIENTOS AVISO	INSENSIBILIDAD	• Detener la actividad y descansar. • Recuperar tu energía.
IRA / CÓLERA	RENCOR	• Sentir el cuerpo para experimentar la unidad y fortalecer el amor • Sustituir creencias por principios de vida
INSATISFACCIÓN	LUJURIA AVARICIA GULA	• Aceptación propia y de los demás como personas • Cultivo de la amistad • Reconocer que eres administrador • Educar el sentido del gusto para identificar mejor lo que el cuerpo necesita
JUICIO / BUSCAS SOLUCIÓN AFUERA / INSEGURIDAD	ENVIDIA	• Aprender a generar energía y vitalidad
DEFIENDES TU VERDAD / ROMPES CON TU COMUNIDAD / PARÁLISIS EMOCIONAL	SOBERBIA PEREZA	• Aceptación de mi persona mediante el autoconocimiento
TRISTEZA / PIERDES EL SENTIDO DE LA VIDA / ANGUSTIA PERMANENTE, HIPERALERTA / PRESIÓN MENTAL	ACEDIA	• Fortalecer la espiritualidad y vida interior • Aceptar que la energía determina la materia • Aceptar que mi vida es eterna

153

APRENDER A INTERPRETAR LOS SENTIMIENTOS AVISO

Al venir del caos, nuestros sentimientos estarán determinados por alguno o varios de los pecados capitales que son, como ya lo hemos mencionado, la envidia, la gula, la lujuria, la avaricia, la pereza, la soberbia, la acedía y el rencor.

Es conveniente auto observarnos, ya que al identificar de dónde proviene esta raíz original que determina tanto mi cultura, como mi forma de relacionarme con mi familia, me permitirá liberarme de estas creencias y poder iniciar este proceso de autoconocimiento.

Es incuestionable que la afectividad es el principal motor de la vida, ya que es en esta área de la condición humana donde se gestan emociones y sentimientos como el interés, el enojo, el cansancio, el dolor, la ira, el gusto, la felicidad, la paz, la armonía, la tranquilidad.

Dicho de otra manera: los sentimientos sustentan el interés por la vida, pues ésta se siente, se experimenta, se percibe; pero esta percepción tiene su propio código de expresión, que es lo que llamamos lenguaje afectivo, por lo que el aprender a vivir requiere de una forma de educación que nos permita comprender los mensajes de nuestra emocionalidad.

En esta área, el proceso educativo del ser humano marcha de los sentimientos desordenados a los ordenados, siendo estos últimos los propios de la naturaleza, que es un orden en sí misma. Hablando en primer término de los sentimientos desordenados, los dividiremos en sentimientos de aviso y sentimientos destructivos.

Los sentimientos aviso son los que nos permiten aprender a vivir, pues nos indican el nivel de vitalidad en el que nos encontramos, de acuerdo a nuestra naturaleza y por tanto nos permiten orientar nuestras acciones. Esos sentimientos son el dolor, el enojo, la prisa, el cansancio, el miedo y la angustia.

Los sentimientos destructivos surgen como la consecuencia de no haber tomado en cuenta los sentimientos aviso, mismos que, al no ser atendidos y permanecer actuando, incrementan su energía, dando lugar a un deterioro. Como se trata de sentimientos afines entre sí, son como una familia y actúan en conjunto.

A continuación, presentaré una descripción de los sentimientos de aviso, clasificados en diferentes familias, considerando como criterio de vinculación el tipo de sentimiento, y la familia compuesta por sentimientos de ese mismo tipo, pero que, en diferente grado de intensidad nos mandan el mismo mensaje. Por ejemplo: el enojo nos indica que son las ideas las que nos producen el malestar y estas ideas surgen de las creencias.

Es precisamente en esa área en la que tenemos que trabajar; este mensaje es el mismo si lo que experimentamos es coraje, cólera, ira, rencor u odio. Sin embargo, la intensidad del sentimiento es bastante significativa para su análisis, por lo que en la presentación de las familias, señalaré los sentimientos de menor a mayor intensidad.

FAMILIA DE SENSACIONES DE LOS SENTIMIENTOS AVISO

1. Familia del dolor:
Molestia física; dolor; agresión del cuerpo
(ampollas, cortadas, fracturas, heridas…)

2. Familia del enojo:
Molestia mental; enojo; coraje; ira (violencia
exteriorizada) o cólera (me lo trago); odio.

3. Familia de la prisa:
Actividad orientada al hacer; prisa (externa);
ansiedad (interna); estrés; enfermedad
(corazón, obesidad).

4. Familia del miedo:
Temor; miedo; pánico; obsesión; parálisis.

5. Familia del cansancio:
Poca vitalidad; molestia física; cansancio;
agotamiento; pérdida de vitalidad; intole
rancia.

6. Familia de la angustia:
Inseguridad; angustia; tristeza; decepción;
depresión; pérdida del sentido de la vida;
muerte en vida o suicidio.

* SENTIMIENTOS AVISO *

DOLOR

Es un sentimiento que
te pide actuar para que
aprendas a captar
cualquier molestia
para que cuides tu cuerpo.

ENOJO

Te avisa que necesitas
cambiar la manera como
te acercas a la realidad y
te pide flexibilidad.

PRISA

Te avisa que necesitas
aprender a disfrutar lo que
haces y tienes, liberándote
del tiempo y pone como
único valor la vida.
Te pide que disfrutes la vida.

MIEDO

Pone en alerta tus siete sentidos.
Brota de tu necesidad de aprender.
Es una invitación para que aprendas
a vivir en la autonomía emocional.

CANSANCIO

Brota porque no sabes
administrar ni generar
tu vitalidad.
Es una invitación a que
aprendas a vitalizarte.

ANGUSTIA

Te avisa que estás intentando actuar
como Dios porque pretendes
cambiar la realidad o actuar sobre
lo que no está en tus manos.

TRANQUILIDAD

Surge cuando entiendes y aceptas la realidad,
a diferencia de la Paz, que es fruto del autoconocimiento.

La tranquilidad es la referencia para que evalúes tu proceso de aprendizaje.

Te servirá como un buen inicio para que logres
experimentar la Paz y tu vida interior.

CAPITULO IV

¿Cómo nos autoconocemos?

Actualmente todo el mundo está consciente de la necesidad de educar la afectividad y de comprender el lenguaje de los sentimientos, pero la gran pregunta es el cómo podría realizarse dicha educación.

Nos acercamos un poco a ese "cómo" si entendemos lo que significa afectividad y así darnos cuenta de que no se trata de un lenguaje de ideas y conceptos, sino de sensaciones y sentimientos, por lo cual el trabajo tendrá que centrarse en las experiencias que cada individuo vive de manera estrictamente personal.

Podemos decir que la materia prima del trabajo educativo centrado en el lenguaje afectivo son las sensaciones y sentimientos de aviso, por lo que comenzaremos por esta clase de experiencias, para señalar seis principios del lenguaje afectivo que nos servirán de guía para la educación del mismo.

1. Apropiación de los sentimientos de aviso

El primer trabajo educativo consiste en apropiarse de los sentimientos de aviso, a fin de identificarlos como formas de energía desordenada cuya característica es que nos producen malestar. Se trata, precisamente, de identificar esas sensaciones desagradables y entenderlas como señales o mensajes; es decir, interpretar su significado, pues sin duda este nos indicará algo dañino que está ocurriendo en nosotros y que por tanto tenemos que modificar. Esto no significa que busquemos controlar o no sentir aquellas manifestaciones de aviso en nuestro cuerpo, sino al contrario, dejarlas suceder y poner nuestra atención en la secuencia de sensaciones con las que se "arma" el sentimiento, para poder interpretar correctamente el mensaje y actuar en consecuencia.

Es imperativo el identificar con claridad el sentimiento que tenemos, pues fácilmente podemos confundir el enojo con el agotamiento o el cansancio con el dolor. Por esta razón, el trabajo educativo se inicia con el aprender a identificar en el cuerpo las sensaciones, sabiendo que si bien una sensación pudiera iniciarse en la cabeza, a partir de ideas, esto no nos causa dolor alguno; aunque posteriormente puede surgir dolor en el estómago, o en el pecho, o en los hombros... Si es así, entonces podemos identificar el sentimiento de enojo, lo que ha resultado sencillo.

Si el aviso es **enojo**, la actitud consecuente es modificar la forma de ver la realidad, o actitud de vida; pues alguna creencia nos tiene atados y no permite que aceptemos la realidad; de ahí el enojo.

El **dolor** es un aviso muy claro y la respuesta es también muy sencilla, pues se trata de dejar de hacer lo que estamos realizando.

El **miedo** nos avisa que necesitamos entender o aprender precisamente eso que nos genera miedo. Es por esta razón que se agudizan los sentidos, como ver, oír, oler, etc.

Si es **cansancio**, nos habla de aprender a generar vitalidad y administrarla, de tal manera que no nos lleve al agotamiento.

Si es **prisa**, nos invita a aprender a disfrutar lo que hacemos.

Si es **angustia**, nos habla de sólo hacer lo que está en nuestras manos y lo demás dejarlo en manos del Espíritu Santo.

2. *Experiencia de la tranquilidad*

Un segundo principio es la tranquilidad, sabiendo que es un sentimiento ordenado que brota de entender la realidad, aceptarla y fortalecer la flexibilidad.

Este sentimiento ordenado es un fuerte parámetro para tomar conciencia de los sentimientos aviso y sobre todo, es el sustento de toda forma de aprendizaje. De aquí la importancia de cultivar la tranquilidad.

Para esto nos ayuda el contacto con la naturaleza, como ver el cielo y contemplar el universo, así como participar en campamentos y especialmente una interacción familiar, en la que el cariño y el gusto de compartir la vida, nos alegra y vitaliza.

En último término, todo consiste en provocarnos un estado de tranquilidad colocándonos en ambientes agradables y cultivando una actitud comprensiva.

3. *Crear conciencia de vivir en la alegría*

Un tercer principio nos habla de la alegría como objetivo de la educación afectiva. Qué sentido tiene enojarse ante las dificultades, los problemas o lo inesperado, lo único que lograríamos con ello es estresarnos y lastimarnos, orientándonos a la enfermedad y todo por vivir en base a creencias, ignorando que la vida es un movimiento a lo desconocido y que la actitud de la flexibilidad es fundamental para aceptar la realidad.

La alegría vital es el sustento de la madurez cerebral, coincidente con el desarrollo de la actitud de aprendiz, lo cual implica el interés por investigar la vida misma; es decir, el conocimiento convertido en autoconocimiento y adaptación a las leyes y principios de la vida humana, con el fin de vivir de acuerdo a la propia naturaleza.

Recordemos que la única manera de educar los sentimientos es sintiéndolos, percatándonos de los efectos que se generan en el cuerpo, a fin de que el efecto corporal indeseable nos obligue a modificar una manera de vivir entorpecida por las creencias o por la falta de vitalidad.

Pero por supuesto, también se dan en nosotros *sentimientos que nos vitalizan, como la tranquilidad, la paz, la armonía*, y también necesitamos ser conscientes de ellos, hacerlos nuestros y fomentarlos, pues ellos son la manifestación de que estamos fluyendo al ritmo de la vida.

De lo anterior podemos concluir que una acción inmediata en la educación afectiva es *aprender a vivir con alegría*, a identificar todo aquello que genera alegría en la vida, como por ejemplo la música; el ejercicio; la lectura; el contacto con la naturaleza o el trabajo creativo, ya sea en el ámbito del arte o en el productivo.

Asimismo habremos de ocuparnos de la ansiedad, el estrés o los enojos, pues esta es una estrategia terapéutica necesaria; pero además de eso y más que eso, debemos prestar atención a la experiencia de la alegría, de la amabilidad, del disfrute, teniendo como parámetro de orientación la tranquilidad.

4. La frustración como efecto del querer

Un cuarto principio es el entender que existen en nosotros *sentimientos autodestructivos*, mismos que se caracterizan por *robarnos más energía de la que nos aportan*. Cuando una persona experimenta con frecuencia sentimientos de frustración, eso indica una gran carencia de educación afectiva pues no ha tomado conciencia de sus sentimientos desodenados y no ha vislumbrado la posibilidad de aprender de ellos. Si se colocara en actitud de aprendiz ante la vida, ya no generaría sentimientos de frustración, pues en esta condición vital *todo se mira como una oportunidad para aprender* y esa perspectiva no se sustenta en los deseos, ni en las expectativas, ni en las metas de la vida, ya que siendo la vida movimiento y evolución continua, la actitud del aprendiz se encuentra siempre tocando lo desconocido.

5. Lenguaje afectivo

La afectividad, o lenguaje afectivo, son fenómenos sensibles, propios de las personas como seres únicos, irrepetibles y autónomos.

El quinto principio es la conciencia de que *los sentimientos son personales*, pues se generan en la intimidad de la persona individual.

En la cultura de la obediencia se manejaba el principio de que todo en el mundo emocional dependía de las creencias, además de que los sentimientos surgían de los acontecimientos y no del interior; así que se decían cosas como "me hicieron enojar", "me hicieron perder la tranquilidad".

Como las creencias participaban de manera determinante en la formación de los sentimientos, ante ciertos acontecimientos la gente sentía más o menos lo mismo: "si te casas, tienes que estar feliz"; "si se muere un conocido tuyo, tienes que estar triste". Sin embargo, los sentimientos auténticos brotan del interior; es decir, los generamos a partir de una elaboración íntima y no son reacciones automáticas ante los hechos; así que la muerte de un amigo nos puede generar sentimientos diferentes a los preestablecidos como carabón cultural y eso está bien.

Si algo sustenta la unidad de la persona y su originalidad es precisamente la vida afectiva, por lo tanto depende de nosotros el mantenernos en la tranquilidad y la armonía, independientemente de los acontecimientos o las personas. Es más bien al revés, pues si perdemos la tranquilidad y la armonía interna nos será imposible acercarnos a la realidad e interactuar con ella.

Esto no significa que no existan en la realidad externa acontecimientos dolorosos o incomprensibles y por supuesto que los percibimos, pero la reacción emocional propiamente dicha, es una interpretación íntima de esos hechos y por eso puede ser distinta en cada persona. Las percepciones de lo externo y los efectos que pudiéramos detectar en nosotros pueden ser integrados como elementos educativos y tomarse como oportunidades para descubrir qué es lo que nos genera esa pérdida de tranquilidad.

Es por lo anterior que la educación afectiva desarrolla el análisis de nuestras creencias o principios de vida, como son el aprender a conocerse y el dejarnos guiar por los principios de la vida Así tendremos por resultado sentimientos ordenados, como la tranquilidad y la armonía.

Fomentemos la alegría, la amabilidad, la solidaridad, la unidad, el cuidado de la naturaleza, a fin de que las alteraciones propias de la vida no nos desequilibren, sino que las veamos como oportunidades para aprender a educar el lenguaje afectivo y sobre todo para aprender a vivir, aceptando la realidad.

6. *La educación de la afectividad*

Se sustenta en la actitud de aprender para comprender, lo cual genera tranquilidad. La educación afectiva es el fomento y aprendizaje de aprender a vivir con alegría, a ver la vida como un permanente aprender que permite el desarrollo cerebral y con esto el crecimiento que asegura un estado de salud integral.

Cuando la actitud es la de **aprender ante la vida,** los sentimientos que van surgiendo con el tono de la angustia, el agotamiento o la prisa, los podemos considerar como señales positivas, pues nos muestran con claridad lo que nos impide vivir en tranquilidad.

Cuando la actitud es la de **entender y disfrutar de la vida,** se valora la tranquilidad, lo que nos permite disfrutar todo cuanto sucede, al percibir los acontecimientos como oportunidades para desarrollarnos.

Cuando uno está tranquilo, la vida se ve con claridad, podemos entender los problemas con más amplitud y eso no sólo favorece el aprendizaje, sino la tranquilidad resultante del autoconocimiento, a su vez nos lleva a la tranquilidad y a la armonía, sinónimo de la felicidad y la salud integral.

LOS SENTIMIENTOS COMO FORMAS DE ACCIÓN EN EL PROCESO DE APRENDER A VIVIR

El lenguaje afectivo comprende cuatro aspectos:

1) La actitud o forma de ver la vida o de percibir la realidad.
2) La energía vital que generamos o perdemos.
3) Las sensaciones
4) Los sentimientos

Los sentimientos son la síntesis de los tres aspectos anteriores. Podemos decir que es la forma de expresión más clara del lenguaje afectivo, pues se desarrolla en la conciencia.

Es fácil identificar que estamos enojados, o tristes, ansiosos, angustiados o tranquilos, pues estos son sentimientos. Lo que no es tan fácil de determinar es nuestro nivel de vitalidad y la forma en la que estamos viendo la realidad, y sobre todo describir las sensaciones que se manifiestan en el cuerpo, ya que de estos tres elementos nacen los sentimientos, y éstos son precisamente el punto de partida para generar un proceso educativo del lenguaje afectivo que nos asegure alcanzar una forma de vida sustentada en la tranquilidad y la armonía.

Desde mi punto de vista son seis los sentimientos del tipo "aviso", que nos invitan a actuar y cuatro que nos llevan a la fortaleza y al disfrute de la existencia, pues son los propios de nuestra naturaleza.

1. *El dolor: un sentimiento aviso y manifestación de la conciencia*

El ser humano cuenta con ocho sentimientos que son guías para dejarse conducir por su naturaleza, a fin de autoconocerse y asegurar una vida plena. Estos sentimientos son: el dolor, el enojo, la ansiedad, la angustia, el miedo, el cansancio, la tranquilidad y la armonía.

Los seis primeros sentimientos aseguran la toma de conciencia cuando se reconoce la incomodidad que se genera al vivirlos (el enojo, la ansiedad, la angustia, el miedo, el cansancio y el dolor). Estos sentimientos son determinantes para asumir nuestra naturaleza, que nos avisan que nos estamos alejando de nuestra esencia.

La incomodidad que brota de estos sentimientos tiene su origen en las **creencias**. Sin embargo, en un primer momento solemos llamar al sentimiento por su nombre, como podría ser el enojo, y con ello se genera un engaño: dejamos de poner atención al dolor que este produce. Así, aumentamos el umbral del dolor, justificamos el sentimiento autodestructivo y no reconocemos que nos estamos dañando con él.

El dolor físico, como puede ser una quemadura, es real, permitiéndonos relacionar causa con efecto; por esto evitamos quemarnos, y basta una sola experiencia. Por el contrario, con el dolor que brota de los demás sentimientos, la mente nos engaña de tal manera que no podemos ver que la causa del dolor son las creencias, y menos aún que nos estamos dañando con ellas.

Nuestra naturaleza, en el momento en el que logra identificar la causa del dolor, la evitará. Por esto definimos al dolor como un sentimiento aviso que *nos informa* que tenemos que dejar lo que sea que estamos haciendo, o la manera en que interpretamos el acontecimiento.

La dificultad de hacer conciencia surge de que no ponemos la atención en las molestias o dolores que se generan en el cuerpo; sino que nos perdemos en el hecho, como si este generara la emoción misma, cuando en realidad es el resultado de una interpretación del acontecimiento.

Otro factor que necesitamos identificar, y esto es más complicado, es *lo que lo origina*, ya que no es algo tangible como el fuego, la piedra o el cuchillo. Estamos hablando de formas de ver la vida, con base en creencias o actitudes; pues el dolor o la molestia por lo general vienen de un estado mental, originado por las creencias.

El proceso de toma de conciencia de estos sentimientos estará enfocado en identificar qué es lo que nos causa el enojo, la prisa, la angustia, el miedo o el cansancio, a fin de liberarnos de esa creencia y transformarla en principio dinámico y cambiante. Si logramos identificar el dolor unido al causante, desaparecerá de la misma manera que con el fuego o la cortada; pues basta una sola vez.

Este aprendizaje se logra explorando con curiosidad, ya que para descubrir el causante de estos sentimientos es necesario destinar tiempo a la toma de conciencia, lo cual presupone:

Tener desarrollada la conciencia del cuerpo para identificar la molestia o el dolor, a fin de reconocerlo de inmediato en sus primeras manifestaciones, y así relacionarlo con las creencias y dejar de autodestruirnos.

Por educación tendemos a controlar el dolor, ya sea suprimiéndolo o negándolo, de tal manera que hablamos incluso de "tener el umbral del dolor alto". Esto es similar a ser sordos en el lenguaje afectivo. Necesitamos reconocer al dolor como una guía fundamental para nuestro proceso de aprender a vivir de manera consciente y así distinguir entre el dolor que nace de la necesidad de cuidar nuestra naturaleza y del dolor generado por la mente y las creencias.

Para liberarnos del dolor que surge de los sentimientos autodestructivos, primero tenemos que, como con todo sentimiento, *experimentarlo*, a fin de tomar conciencia del daño que nos genera. Así aprenderemos a no lastimarnos y a buscar enseguida la causa en las creencias —las cinco creencias ya mencionadas nos servirán de guía—.

El dolor podrá venir de cualquiera de las creencias, ya que todo sentimiento autodestructivo se manifiesta mediante el dolor.

Al sustituir la creencia por su principio correspondiente —como podría ser la experiencia, la espiritualidad, la unidad, el criterio propio y la salud integral—; nos alejaremos de manera automática de la forma de vida que nos lleva al sufrimiento y la enfermedad, para aprender a disfrutar la existencia.

2. *El miedo: un sentimiento aviso*

El miedo es una característica biológica del ser humano que le asegura el cuidado de la vida y la salud. De aquí su importancia, pues radica en la parte central de nuestro cerebro, en el sistema límbico, en una parte llamada amígdala, la cual hace surgir el miedo de forma espontánea e inmediata cuando registra un riesgo.

El problema no está en el miedo propio de nuestra naturaleza para protegernos, agudizando los sentidos e invitándonos a aprender y entender la manera de no ponernos en riesgo. El miedo "peligroso" es el inventado, que surge de las creencias como la seguridad, la verdad, la autoridad y el valor supremo que le damos al mundo material como lo fundamental de la vida, reaccionando de manera automática y llevándonos a comportamientos autodestructivos.

La educación tradicional, que hemos heredado sin cuestionar, nos ha convencido de que sin ansiedad no hay motivación; por lo que se fomentará la competencia o la insatisfacción, generándose el miedo de no lograr los deseos, metas o expectativas.

Así, inventamos el miedo a no tener dinero, a no tener un título académico, a no tener una pareja, a no vivir con abundancia, o a estar solos con nosotros mismos —siendo esta la actividad fundamental para el autoconocimiento—.

Mediante este modelo, lo que sucede en nuestro cerebro es que se configuran conexiones de la amígdala a la corteza cerebral, asegurando así un comportamiento inconsciente de pánico. Simplemente es una reacción en cadena cuando se ven amenazadas una serie de creencias que ya no son conscientes; por lo que se vive con reflejos condicionados, que nos llevan a una vida alterada, experimentando miedo ante cualquier acontecimiento relacionado, sobre todo, con la pérdida de la seguridad, ya sea la muerte, el dinero, los bienes materiales, los seres queridos o el estar solos.

Si queremos educar el miedo, necesitamos identificar las sensaciones que brotan de este sentimiento inventado y caeremos en la cuenta que el miedo inicia en el cerebro y no en los sentidos. Esto es, el miedo no se genera por un hecho exterior, como el darnos cuenta de que estamos en la orilla de un alto edificio, sino por las creencias. Por esto, en lugar de agudizarse las sensaciones de los siete sentidos, que nos obligarían a movernos de la orilla del edificio, es sólo el ritmo cardiaco el que se acelera, luego la respiración le corresponderá con un estado agitado, los músculos se contraerán y la reacción en cadena, de manera automática e inconsciente, nos hará sentir vacío en el estómago, como manifestación del miedo por no poder enfrentar esa realidad inventada.

El miedo como sentimiento de aviso nos invita a aprender a caminar, como se dice, con pies de plomo; es decir, despacio, con la finalidad de entender primero su origen. Puede suceder que, cada ocasión que demos inicio a algo nuevo, experimentemos miedo, y no es para paralizarnos, sino para poner todos los sentidos en lo que estamos iniciando, a fin de aprender.

Valoremos esta maravilla humana de experimentar el miedo y tomémoslo como una invitación para aprender acerca de las causas que lo generan, ya sean simples actividades cotidianas, creencias o incluso situaciones paranormales.

El problema de vivir con miedo inventado, ese que nos viene principalmente de la creencia de la seguridad, es que nos lleva a la irracionalidad, a la angustia, a no dormir, a vivir alterados; pues ese miedo no tiene sustento en la realidad, siendo todo un proceso cerebral autodestructivo.

Cuando actuamos con miedo impedimos ver con claridad el acontecimiento. Por esta razón es importante distinguir entre el miedo que nos protege y el inventado que nos daña. Y, como todo sentimiento, es fundamental primero sentirlo, a fin de experimentar el daño que nos genera y tomar conciencia de esta experiencia de autodestrucción; enseguida identificar la causa que se origina en las creencias, donde las cinco creencias mencionadas anteriormente nos servirán de referencia para identificar dónde se origina este miedo, a fin de transformar la creencia en un principio de vida.

De no liberarnos de creencias como la seguridad, la verdad, la autoridad y el reducir la vida al mundo material, no lograremos fortalecer la actitud de aprendiz, que es fundamental para el autoconocimiento.

Al tener la actitud de aprendiz y administrador podremos transformar la creencia de seguridad, en el principio del cultivo de la espiritualidad.

3. *La prisa: un sentimiento aviso*

Si algo se fomenta y, sobre todo, se valora en la sociedad contemporánea es la velocidad; la rapidez en la producción y en la curación.

El hombre de éxito tiene que ser activo, ejecutivo, productivo y se caracteriza además por no tener tiempo para la pareja, los hijos, ni para él. Esto se debe al hacer para tener y al reconocimiento de la comunidad; es decir, vive en el exterior.

La mujer igualmente vive acelerada. Aun la mayoría de las mujeres se dividen en múltiples actividades: trabajadoras, cocineras, ama de casas, apoyo de la pareja y de sus padres; por tan solo mencionar algunas. En fin, es una vida en donde la frase "no tengo tiempo para mí" ni siquiera se le ocurre, pues su vida gira en relación con los demás —vive hacia el exterior— e ignorando que esta forma de vida se reproducirá en sus hijos, sin la posibilidad de autoconocerse.

Si lográramos eliminar la prisa, tal vez podríamos reordenar la vida con base a nuestra esencia humana, creados para crecer y desarrollarnos mediante el autoconocimiento, a fin de disfrutar las actividades que realizamos.

No se trata de "no hacer" o de "no tener", sino de ordenar nuestras actividades con el valor de la vida; es decir, sentirnos libres del tiempo y del espacio, enfocados en el autoconocimiento.

La prisa es una experiencia en donde el organismo entra en un estado de activación general. En especial, aumenta la tensión muscular y se aceleran el sistema nervioso y el ritmo cardiaco. Esto puede observarse claramente en la manera de caminar, actuar, hablar y realizar lo que queremos o necesitamos ejecutar, gastando más energía de la necesaria.

Por esto viviremos generando más dopamina, sustancia que nos hace sentir "dopados", siendo imposible evaluar esta forma de vida que pone en riesgo lo más valioso: la vida. La prisa nos hace perder la oportunidad de disfrutar las actividades que realizamos al buscar solo "el resultado", ignorando y desvalorizando "el proceso".

Por esto la interacción con la pareja, con los hijos y aun con los amigos, no tiene disfrute. Y no es posible lograr una comunicación profunda que nos vitalice, dándole sentido a la existencia; y todo por vivir bajo metas, deseos y expectativas, creyendo que podemos determinar y controlar el futuro, que por cierto, no existe.

De no eliminar las creencias de la seguridad y de los bienes materiales como lo esencial de la vida, continuaremos con este comportamiento autodestructivo.

Trabajemos en aprender a vivir en calma, sabiendo que el Espíritu Santo (o la divinidad) nos guía, reconociendo la realidad y los acontecimientos de la vida cotidiana como oportunidades para crecer y desarrollarnos, a fin de disfrutar la vida, tanto la actividad laboral como la vida cotidiana, en pareja, en familia o con amigos, así como la soledad.

Por otra parte, la respuesta a la prisa es comprender que la necesidad básica del ser humano es la salud integral, por lo que la educación del lenguaje emocional y la vida espiritual son determinantes.

Bajo esta forma de vida nos será imposible aprender a sentir, a identificar los sentimientos de tranquilidad y armonía; ya que solo podremos hacer conciencia de los sentimientos autodestructivos, como el agotamiento, la tristeza o el dolor; pero jamás de la prisa, ya que la hemos convertido en una forma de vida que se valora como adecuada y hasta se celebra.

Si tenemos el interés por aprender una vida sustentada en la tranquilidad y la armonía, a fin de disfrutar la existencia, necesitamos poner toda la atención en sentir la prisa, en los músculos, la respiración y el ritmo cardiaco, a fin de identificar el malestar que nos genera; pues, de lo contrario, continuaremos atrapados en el acelere.

Liberarse de este sentimiento autodestructivo es experimentar el daño que nos genera, a fin de que nuestra naturaleza tome conciencia de que no es la forma adecuada de vivir.

Enseguida, hay que identificar la causa que se manifiesta en el hacer para tener, siendo la creencia de identificar a los bienes materiales con el sustento básico de la vida; de tal manera que confundimos "la comodidad con la felicidad" y no con la "tranquilidad y la armonía"; pues el confort se compra y la tranquilidad y la armonía las generamos.

4. *El cansancio: un sentimiento aviso*

El cansancio es el efecto de la ignorancia o del desprecio de uno mismo. Nuestra cultura parte de aceptar el cansancio, el agotamiento, la enfermedad y el envejecimiento como una manifestación natural de la vida; ignorando que el cansancio, en realidad, es el fruto de una forma de vida sustentada en creencias y no en principios de vida. Por lo tanto, no sabemos escuchar al cuerpo, además de no reconocer el valor de la existencia por encima de los bienes materiales.

Quisiera invitarlos a analizar este comportamiento cultural, en donde el cansancio y el agotamiento no son esencia de la vida, sino una forma de vivir. Si deseamos experimentar la tranquilidad o la armonía, es fundamental hacer conciencia de las leyes de nuestra naturaleza, a fin de asegurar una vida en el amor o unidad, dando como resultado una salud integral. La molestia forma parte del proceso de aprender a escuchar al cuerpo, evitando así pasar de la molestia al cansancio.

Es importante esta toma de conciencia porque, en el lenguaje emocional, el cuerpo es como la batería de los sentimientos. Una baja vitalidad no nos permite experimentar la tranquilidad o la armonía. Por ello necesitamos comprender que la manera en que cuidamos nuestro cuerpo influye directamente en nuestra forma de relacionarnos con la realidad.

El cansancio es un sentimiento que brota de la manera como enfrentamos la existencia. Si vivimos con base en creencias o verdades incuestionables, la vitalidad tenderá al desequilibrio, negándonos la posibilidad de vivir desde la tranquilidad y la armonía, sentimientos fundamentales para nuestro desarrollo y crecimiento.

Es importante comprender que lo físico, lo emocional y lo espiritual forman una sola unidad indisoluble. De aquí la necesidad de reconocer que la parte física constituye el sustento de la vitalidad, elemento fundamental del lenguaje emocional. Con poca vitalidad experimentaremos sentimientos autodestructivos con mayor facilidad.

Hablar del cansancio es referirnos a un proceso emocional en donde *la energía generada es menor a la gastada*. Por esta razón necesitamos aprender a administrar la vitalidad. Para ello debemos cuidar la respiración, la motricidad, la alimentación y todos aquellos factores que contribuyen a mantener el equilibrio de nuestro organismo.

Hay que recordar que *generamos vitalidad mediante la respiración, la motricidad, la alimentación y, sobre todo, cuando orientamos nuestra vida al desarrollo y al crecimiento*, reconociendo cada acontecimiento como una oportunidad para aprender y disfrutar lo que hacemos.

Una persona que desarrolla las actitudes de aprendiz y administrador aprende a poner atención en las molestias.

Esta es la manera en que el cuerpo nos avisa de una descompensación energética.

Evitar el cansancio es una de las partes principales del autoconocimiento. Sin energía, no hay motivación.

El cansancio es fruto de una actitud ante la vida donde el motor de la existencia es sobre todo la creencia del hacer para tener. De esta forma surgen sentimientos como la angustia y la ansiedad. Nos cansamos no tanto por lo que hacemos, sino por vivir desde los juicios, las expectativas, los deseos, el placer, el confort y las creencias que nos llevan a formas de vida autodestructivas.

La búsqueda de la *felicidad* entendida como *placer* provoca que dejemos de disfrutar la actividad misma. Ponemos la atención en los logros, el dinero o el reconocimiento; es decir, en el futuro. Así terminamos viviendo fuera de nosotros mismos, atrapados en las ideas y pensamientos, alejándonos de la tranquilidad y la armonía que sustentan la salud integral.

La manera de salir de este cansancio emocional es mediante un proceso educativo de toma de conciencia del alto costo de buscar el placer como sinónimo de felicidad. En último término, se trata de aprender a poner atención en el cuerpo, identificar las molestias y generar vitalidad mediante el cuidado de nuestra naturaleza y el disfrute de la existencia. Esto implica establecer una unidad con nosotros mismos y con la actividad que realizamos, como sucede en el enamoramiento, donde dos personas experimentan una profunda experiencia de unidad.

Por tanto, el cansancio no surge simplemente porque hemos trabajado mucho, sino porque no prestamos atención a las actividades que generan energía y dan sentido a la existencia. Esto demanda autoconocimiento y el manejo del lenguaje emocional, que nos permita reconocer las molestias y valorar la tranquilidad y la armonía.

Recordemos que la educación emocional se fundamenta en fortalecer las actitudes de aprendiz y administrador de la energía vital, con el objetivo de disfrutar el proceso de la vida cotidiana mediante la flexibilidad, la aceptación, la amabilidad y el autoconocimiento.

Para liberarnos de este sentimiento necesitamos primero identificar los efectos dañinos que produce en nuestra naturaleza, tomando conciencia del cuerpo y experimentando cómo nos dañamos. Después debemos buscar la causa que origina esta forma de vida automática, pues su origen se encuentra en las creencias.

En el caso del cansancio, la creencia de que las necesidades básicas se encuentran en el mundo material suele ser una de sus causas principales. De no fortalecer el principio de que la necesidad básica es la salud integral, continuaremos aceptando el cansancio como algo natural, ignorando su costo autodestructivo y avanzando hacia la enfermedad física, emocional y mental.

6. *La angustia: un sentimiento aviso*

La angustia es un sentimiento que surge cuando queremos solucionar algo que no está en nuestras manos. Es el sentimiento más autodestructivo, porque nos puede llevar a la depresión o al suicidio, pues da origen a la pérdida del sentido de la existencia aquí en la Tierra.

La angustia surge de la soberbia, cuando queremos resolver algo que no podemos resolver, como perder un ser querido, no saber dónde están los hijos, la enfermedad grave de un ser querido o la posibilidad de perder algún bien material.

Este sentimiento es generado por el pensamiento, en un proceso de lucha *entre el acontecimiento y las expectativas*, generándose una fuerte presión en la cabeza, tratando de solucionar lo que no podemos resolver; como, por ejemplo, saber dónde está el hijo o la pareja que no ha llegado y no se ha reportado.

Esta presión nos lleva a acciones compulsivas: rezamos exigiéndole a Dios que de inmediato lo solucione; llamamos por teléfono a personas que podrían darnos información del paredero del hijo o la pareja, etcétera. El resultado: todo el cuerpo experimenta ansiedad. Es una experiencia en la que todas las células quedan en estado de alerta, y nos obligan a movernos, a tal grado de no poder estar quietos (ni en con el cuerpo ni con la mente). Los músculos de todo el cuerpo se tensan. El estómago, con frecuencia, genera más bilis, provocándonos dolor y vacío. Es tal el grado de acumulación de energía que tendemos a golpearnos sin querer, a gritar o desear gritar. Es como si tuviéramos una bomba dentro a punto de estallar.

En último término, nos sentimos con una carga energética muy potente para actuar y, al mismo tiempo, quedamos paralizados al no poder resolver la situación.

Lamentablemente, todo esto no lo hacemos consciente. El sentimiento se la angustia nos lanza al exterior, hacia lo que nos preocupa; y se vuelve imposible poner atención en el cuerpo.

Ignoramos el grado de tensión que experimentamos, lo cual irá en aumento en relación con el tiempo, la angustia alimenta a la angustia y sigue y sigue, aunque nos digan que estemos en calma, nos es imposible.

Siguiendo con el ejemplo, en cuanto aparece el hijo o la pareja, en ocasiones experimentamos dolor de cabeza, diarrea o sentir el cuerpo sin fuerzas. Consecuencias de haber sometido al cuerpo a semejante presión por querer resolver algo que no estaba en nuestras manos.

Para frenar la presión del pensamiento es necesario pasar del *pensar* al *sentir*, por ejemplo, tratando de sentir la música, a fin de disminuir la velocidad de las ideas trágicas respecto a lo que generó la angustia.

Para esto es fundamental poner atención ya no en el pensamiento, sino en sentir el cuerpo, la respiración, el ritmo cardiaco, los músculos al moverlos, así como el vientre, intentando relajar el cuerpo.

Hablar de este sentimiento como aviso es caer en la cuenta de que necesitamos definir lo que sí está en nuestras manos; pues solo podemos ocuparnos de lo nuestro. Lo demás, dejémoslo en manos del Espíritu Santo (o del universo, o la divinidad).

La importancia de cultivar la vida espiritual, radica en que, cuando tengamos estos percances, estaremos preparados para realmente dejarlo en manos de Dios.

Para los católicos, dejarlo en manos de Dios es cultivar la fe; es decir, la certeza de que tenemos un Padre amoroso, de que el Espíritu Santo nos guía, de que somos hijos de Dios y de que contamos con un ángel de la guarda.

Pero la religión no es lo que importa. Sentir la certeza de que hay algo que nos cuida y nos protege, es fortalecer nuestra experiencia con la divinidad.

Para liberarse de este sentimiento, al igual que con todos los demás, necesitamos sentirlo e identificar el daño que nos provoca, pues es el sentimiento de mayor autodestrucción, porque nos lleva no solo al agotamiento existencial, sino incluso al sinsetido de la vida y al suicidio.

Una vez experimentado en sus efectos auto-destructivos, es fundamental ir a la causa, que es la creencia de la seguridad, la cual necesitamos cambiar por la espiritualidad, siendo todo un proceso de aprendizaje. Para los católicos la Biblia nos podrá ayudar, pero igualmente otras doctrinas y religiones tendrán sus herramientas para ayudarnos en este aprender a vivir desde la espiritualidad.

Cuando hemos aprendido a dejarnos guiar por la divinidad, lograremos interpretar todo acontecimiento como una oportunidad para aprender y crecer.

7. *El enojo: un sentimiento aviso*

El enojo es un sentimiento que se expresa mediante sensaciones que inician en la cabeza, enfrentando la realidad, el acontecimiento o la agresión, en relación con las creencias.

Esta interacción cerebral pasará al resto del cuerpo dependiendo de la creencia que fue cuestionada, generándose tensiones en el maxilar, en el cuello, en los hombros, en los músculos y, con frecuencia, terminando con un malestar estomacal como manifestación de la incapacidad de entender o aceptar la realidad o el acontecimiento.

Es increíble que, a pesar de que todo enojo lastima al cuerpo, generándonos dolor, continuemos enojándonos; pues las creencias tienen primacía sobre la existencia.

Nos enojamos porque las creencias de la verdad, la seguridad, la autoridad, la justicia y el valor de los bienes materiales, según la cultura, determinan el buen vivir. Porque no sentimos justo trabajar tanto, porque no ganamos suficiente, porque necesitamos una casa más grande, más y más cosas.

Vivimos adoctrinados por la sociedad, fuimos educados en el premio y el castigo, con una buena dosis de miedo, a fin de obedecer y no tener criterio; a tal grado de quedar imposibilitados para entender la relación entre causa y efecto que nos permitiría experimentar en carne propia lo que es enojarse.

El enojo tiene una relación directa con el pensamiento que, desde la cultura, hemos reducido al juicio y no a entender la realidad para encontrar soluciones. Por esto quedamos encerrados en un círculo vicioso, ya que con el pensamiento solo juzgamos y no pretendemos entender; pues creemos tener la verdad o la razón.

Si queremos entender el costo tan alto del enojo, primero necesitamos experimentarlo; realmente reconocer el tiempo inútil que destinamos dándole vueltas en la cabeza al acontecimiento, realidad o agresión que vivimos y, por otro lado, sentir toda la presión que aplicamos en el cuerpo, afectando la respiración, la circulación y la digestión; además de alterar el área emocional, perdiendo la tranquilidad, estado emocional fundamental para asegurar una salud integral.

Necesitamos poner atención en nuestro cuerpo, a fin de experimentar el costo tan alto del enojo. Solo así comprenderemos la importancia de liberarnos de tantas creencias que nos impiden vivir en tranquilidad y armonía.

Es pasar de ver la realidad como buena o mala, a descubrirla desde el crecimiento y el desarrollo; de tal manera que *todo acontecimiento es una oportunidad para crecer*, en donde la guía es el lenguaje afectivo. En donde todo lo que me lleva a la alteración, al dolor o al cansancio no es el camino; pues solo aquello que me lleva a la tranquilidad y la armonía es lo acertado para una salud integral, que comprende lo físico, lo emocional, lo espiritual y lo conceptual.

Al cambiar creencias por experiencias que nos muestran la realidad, reconcemos las intuiciones, percepciones y corazonadas, que son del lenguaje energético, y no las neguemos por darle valor a las creencias, que nos alejan de la realidad.

Las experiencias son dinámicas y cambiantes, y contribuyen a nuestro desarrollo y crecimiento; pues la vida es un continuo proceso evolutivo de desarrollo, en donde la creencia no tiene espacio por ser estática, negándonos la actitud de aprendiz.

Para liberarnos del enojo, como todo sentimiento, necesitamos identificarlo, haciendo conciencia del daño que nos genera. Necesitamos evitarlo, sabiendo que su origen está en alguna creencia, en donde las cinco creencias mencionadas anteriormente nos servirán de guía.

No se trata de reprimirlo o ignorarlo, sino de darnos cuenta del alto grado de molestia o dolor que nos genera, llevándonos a la enfermedad.

LOS SENTIMIENTOS COMO INSTRUMENTOS PARA AUTOCONOCERNOS

Los seis sentimientos que hemos descrito anteriormente son en esencia los instrumentos con los que contamos para autoconocernos, la clave de un crecimiento efectivo.

Los sentimientos ordenados en esencia, como la tranquilidad, la armonía, la paz y la contemplación brotan de un proceso de aprendizaje sustentado en el autoconocimiento y estos sentimientos nos permiten disfrutar de la vida, el matrimonio, los hijos, los amigos, el trabajo, la naturaleza y la presencia de Dios en nuestra existencia. Podemos llegar a estos sentimientos si atendemos a los sentimientos de aviso que se escuchan primero, ya que son verdaderas guías para el autoconocimiento.

7. Sentimiento de la tranquilidad: La luz de nuestra naturaleza

Hablamos de la tranquilidad no como un sentimiento controlado que brota cuando todo está como lo deseamos o esperamos, sino como un sentimiento que se manifiesta de manera natural y se mantiene independiente de los acontecimientos, permitiéndonos liberarnos de las alteraciones emocionales y ver con claridad la realidad que se nos ofrece para crecer y desarrollarnos.

Este sentimiento pide un alto grado de vitalidad, por lo que es fundamental aprender a administrar y generar energía vital. Pues, al describir este sentimiento, a diferencia de los sentimientos aviso, los cuales se manifiestan en alguna parte del cuerpo, la tranquilidad es una experiencia de expansión de toda nuestra naturaleza, más allá de la parte material.

Es una experiencia de total unidad, sintiéndonos ligeros, vitales, alegres y conscientes de toda nuestra persona; capaces de aceptar y enfrentar la realidad libres de miedos. Es una experiencia de unidad con nosotros mismos.

La tranquilidad, para mí, es el primer nivel de bienestar humano, en donde desaparecen los sentimientos desordenados, como la ansiedad o la angustia, como consecuencia de las actitudes de aprendiz y administrador con orientación al autoconocimiento, generándose una nueva forma de relacionarnos con los bienes materiales y la realidad que nos rodea, viendo todo acontecimiento como una oportunidad para aprender y crecer como hijos de Dios, que es nuestra esencia. Surge así la necesidad de autoconocernos y cultivar una salud integral.

Es llegar al nivel de liberarnos de las creencias al sustituirlas por principios dinámicos y cambiantes, como: las experiencias, la búsqueda de soluciones ante los problemas, el criterio propio, el valor de la salud integral y la espiritualidad, dando como resultado un comportamiento flexible y de aceptación de la realidad como una oportunidad para crecer y desarrollarnos.

Cuando en los estudios se logra entender algo, brota la tranquilidad. Por esto, aprendizaje y tranquilidad van de la mano, con lo que el autoconocimiento es fundamental para experimentar la tranquilidad.

La tranquilidad es el resultado de entender; por tanto, se logra mediante la actitud de aprendiz, que demanda interés, objetivo, información nueva, práctica y evaluación para continuar aprendiendo, con la finalidad de entender y aceptar, lejos de los deseos y expectativas.

En último término, la tranquilidad es fruto de una actitud de aprendiz ante la vida.

8. Sentimiento de la armonía: Una experiencia de conciencia mediante la comunidad

El sentimiento de la armonía es una experiencia similar a la tranquilidad, en cuanto que es una vivencia de unidad, en donde experimentamos una ligereza mayor que con la tranquilidad; pues la armonía nos lanza a unirnos con lo que nos rodea, ya sea el universo, la naturaleza en general o la comunidad; ya sea el grupo de amigos, la pareja, los hijos, los hermanos o los padres.

Nos sentimos ligeros, a tal grado de casi sentirnos volar, como si fuésemos una pluma. Experimentamos también una integración con lo que nos rodea, invadiéndonos una energía tal que esta experiencia de vitalidad nos genera lágrimas al experimentar una total invasión de energía que supera nuestra capacidad física, generándonos entusiasmo por disfrutar la vida y fortaleciéndose la conciencia de la unidad al comprender el sentido de la existencia.

El sentimiento de la tranquilidad se sustenta en el autoconocimiento, y deja armonía en la confianza. De aquí la importancia del cultivo de la amistad, ya que la unidad se da a través de la comunicación, ya sea con el agua, la tierra, las plantas, los animales o los seres humanos, en una relación de amabilidad, escucha e interacción consciente.

La armonía brota de nuestra realidad cuántica, en donde todo está unido por una misma energía, que es la creación de Dios. Por esto decimos que hay similitud entre lo de arriba y lo de abajo; pues, desde la fe cristiana, todos formamos el cuerpo místico de Cristo. Nuestra participación es realmente experimentar esa unidad con Dios a partir de fomentar la unidad con cuanto nos rodea.

La armonía presupone la experiencia de la tranquilidad, ya que este sentimiento nos habla de nuestra característica social, donde aprendemos a identificar la vida con todo lo que nos rodea.

La armonía es la que demanda nuestra característica de seres de comunidad, que se manifiesta en una vida de pareja, familia, trabajo y comunidad, así como en todo un ecosistema que comprende este universo en su totalidad.

Es un segundo nivel del proceso del auto-conocimiento como seres sociables. Así, la tranquilidad es un sentimiento que nace de la toma de conciencia del yo individual, y la armonía brota de la toma de conciencia del yo social, donde el punto de partida es la amistad, que determina la manera como nos relacionamos con la familia, los amigos, la comunidad, con toda su cultura y con el medio ambiente.

Ofreciéndonos la oportunidad de aprender a vibrar con la comunidad, la naturaleza, el universo, la amistad y la pareja; y así, poco a poco, aprendemos a vibrar con toda la vida que nos rodea, experimentando una unidad mayor a la que vivimos con la tranquilidad, al hacernos uno con cuanto nos rodea.

Por esto la armonía es un sentimiento que *genera una energía interior que nos desborda*, es mayor a la tranquilidad, pues se parece más a un bienestar total, como sucede en el enamoramiento, la paternidad o las experiencias de la presencia divina a través de la naturaleza o el universo.

Así, la armonía es resultado del cultivo de las actitudes de aprendiz y administrador, apoyados ya no en las creencias, sino en principios como: las experiencias, que son dinámicas y cambiantes; la búsqueda de soluciones; el contar con criterio propio; poner atención en la salud integral; y el cultivo de la espiritualidad.

EN SÍNTESIS

Recordemos que la vida se siente, se experimenta, y la verdadera apropiación de la vida requiere educarnos en la afectividad.

Este proceso va de los sentimientos desordenados a los ordenados, o educados, lo que significa pasar del enojo a la tranquilidad, de la actitud de la soberbia, a la actitud del aprendiz, que es una posición humilde.

Este camino evolutivo se transita por la *toma de conciencia de los sentimientos aviso*, que son los guías en el proceso; recordemos que éstos son: el dolor, el enojo, la prisa, la angustia, el miedo y el cansancio. Si no tomamos conciencia de estos sentimientos como avisos y actuamos en consecuencia, ellos mismos se convierten en destructivos.

Si entendemos lo que significa afectividad, sabemos que no es un lenguaje de ideas o conceptos, sino de *actitudes y sentimientos*, por lo cual, el trabajo tendrá que centrarse en este lenguaje que se da en principio por medio de sensaciones. Por lo tanto el educador pondrá atención en la apropiación e identificación de las sensaciones, pues de esa manera clarificamos el sentimiento y a partir de esta experiencia podemos educarnos en las actitudes a fin de fortalecer la vida y experimentarla desde la alegría.

La educación en los sentimientos nos hace conscientes de la manera como nos acercamos a la realidad. En este punto es en el que tenemos que trabajar a fin de cambiar el efecto de creencias que nos hacen inflexibles y nos alteran, por fortalecer los principios de vida.

Educar la afectividad significa limpiarnos de verdades preestablecidas y creencias, sustituyéndolas por acercarnos a nuestra naturaleza con los principios de vida.

Significa pasar de abordar la vida desde los pecados capitales a vivir desde las virtudes; es decir, pasar de la pereza a la necesidad de aprender; de la avaricia a la generosidad; de la gula a la nutrición; de la lujuria a la solidaridad; de la soberbia a la actitud del aprendiz.

La vida afectiva implica la educación de los sentimientos, que son los instrumentos del lenguaje emocional y a los cuales accedemos por medio de los sentidos y las sensaciones.

* GENERACIÓN DE ENERGÍA Y VITALIDAD *

CAPITULO V

Pedagogía

Este método es un entrenamiento cuyo objetivo es autoconocernos y así aprender a disfrutar la existencia. ¿Pero qué es un entrenamiento?

Un entrenamiento a diferencia de un curso va más allá de la información. Se busca una interacción que garantice un proceso de aprendizaje, por lo tanto, este método demanda una pedagogía sustentada en la práctica y en compartir con un grupo; por esta razón, un tema se puede ver varias veces y la temática se va adecuando al proceso de los participantes, para asegurar el autoconocimiento del yo individual, social y trascendental.

El objetivo de este método es ofrecer un modelo que permita a los interesados autoconocerse para aprender a desarrollar las actitudes de aprendiz y generación de energía; el actuar de esta manera sustentará la capacidad de aprender a sentir y comprender las emociones, a fin de provocar los sentimientos de tranquilidad y armonía.

Si entendemos que se trata de salud integral, hablar de vivir es referirnos a un permanente movimiento de crecimiento ascendente y desarrollo interior, sustentado en el autoconocimiento.

Este método es una invitación para aprender a identificar sensaciones y sentimientos mediante los siete sentidos, ya que la vida se siente. Es una experiencia que se va guardando en los músculos, de tal manera que aprender a vivir se fundamenta en trabajar en el cuerpo como una sola unidad.

1. INSTRUMENTOS

Lo presentado hasta ahora constituye una base de información y reflexión. Sin embargo, este método propone que el verdadero aprendizaje surge de la experiencia personal y de la práctica constante. Aunque en distintos momentos este proceso puede enriquecerse mediante el acompañamiento de otras personas o espacios de trabajo colectivo, su propósito central es que cada individuo aprenda a aplicar estos principios de manera autónoma y cotidiana.

Este método parte de la toma de conciencia del cuerpo, pues es en él donde se manifiesta la vida y no únicamente en las ideas o creencias. Por ello, se trabaja con la respiración, la motricidad y la atención consciente, con la finalidad de desarrollar la percepción corporal como base para apropiarnos de los siete sentidos e iniciar el aprendizaje del lenguaje afectivo como camino al autoconocimiento.

La intención es que cada persona aprenda a observar sus sensaciones, emociones y sentimientos en la vida diaria, reconociendo cómo se expresan en el cuerpo y cómo influyen en su manera de vivir. De este modo, el método puede practicarse más allá de un espacio terapéutico o grupal, convirtiéndose en una herramienta de exploración personal.

a) Espacio de trabajo

Para este método resulta recomendable realizar las prácticas en espacios abiertos o tranquilos, donde exista contacto con la naturaleza: el canto de las aves, los árboles, las plantas, el silencio o el movimiento del viento. Estos elementos favorecen la atención consciente y ayudan a recuperar la capacidad de percibir el entorno y el propio cuerpo.

No se trata de saturar de actividades a la persona para distraerla de su realidad, sino de generar un espacio de quietud que permita observar la experiencia emocional y corporal con mayor claridad. El contacto con la naturaleza, el silencio y el descanso profundo forman parte también del aprendizaje de vivir.

Este proceso busca que la persona transite del "no hay tiempo para mí" al reconocimiento de que la vida necesita sentirse y escucharse. Por ello, el método puede integrarse gradualmente a la vida cotidiana mediante ejercicios simples de observación, respiración, conciencia corporal y atención a las emociones.

b) *Trabajo corporal y conciencia afectiva*

El método está orientado a aprender a sentir el cuerpo a partir de la conciencia de la respiración y la motricidad, trabajando con los siete sentidos mediante ejercicios que permiten identificar las sensaciones generadas por el contacto con el entorno y reconocer en qué parte del cuerpo se manifiestan.

Aprender a identificar las sensaciones constituye el cimiento para escuchar nuestra propia naturaleza y desarrollar un proceso de auto-conocimiento.

A través de esta práctica, la persona puede comprender mejor sus emociones, fortalecer su autonomía y aprender a disfrutar de la existencia desde una relación más consciente con su cuerpo y su experiencia de vida.

Aunque el acompañamiento profesional o grupal puede enriquecer este proceso en determinados momentos, la finalidad del método es que cada persona desarrolle herramientas para sostener este aprendizaje de manera personal, continua y autónoma.

a) Acompañamiento y orientación

Aunque este método puede desarrollarse de manera personal y autodidacta, el acompañamiento de otras personas puede enriquecer el proceso de autoconocimiento. A lo largo de los años, este trabajo ha sido acompañado por profesionales de distintas áreas, integrando perspectivas sociales, terapéuticas y corporales que permiten relacionar la reflexión teórica con la experiencia vivida.

El objetivo del acompañamiento no es dirigir la experiencia de la persona, sino ofrecer herramientas que faciliten la toma de conciencia de las sensaciones, emociones y sentimientos que surgen durante el proceso. De este modo, cada individuo puede aprender a reconocer cómo se manifiestan las experiencias afectivas en el cuerpo y cómo estas influyen en su manera de relacionarse consigo mismo y con los demás.

Este método está orientado a personas que atraviesan distintas experiencias de vida: relaciones de pareja, procesos familiares, pérdidas, separaciones, búsquedas personales o momentos de crisis emocional. Sin embargo, se parte de la idea de que cada experiencia es única y, por lo tanto, el proceso de autoconocimiento debe adecuarse al ritmo y a las necesidades de cada persona.

Más que ofrecer respuestas definitivas, este método busca desarrollar la capacidad de escuchar al cuerpo, comprender las emociones y fortalecer la autonomía emocional como camino para aprender a disfrutar de la existencia.

2. CÓMO EDUCAR LA AFECTIVIDAD

Para hablar de la educación de la afectividad necesitamos hablar de su fundamento, donde todo sentimiento brota de la manera como vemos la vida y del nivel de energía que sentimos. Mediante estos dos aspectos los siete sentidos nos aportarán un conjunto de sensaciones que nos generarán ese sentimiento que nos indicará si estamos fortaleciendo la salud integral o la estamos debilitando.

El punto de partida está en trabajar en dos vías: en los sentimientos que nos autodestruyen y desde lo que realmente es nuestra esencia, como son los sentimientos de tranquilidad y armonía, apoyados en las actitudes de aprendiz y administrador de la vitalidad.

Por tanto, el aprendizaje está en experimentar la tranquilidad y fortalecer la actitud de unidad en mi persona y con cuanto me rodea. Es generar día con día la experiencia de elegir la tranquilidad, identificar la ansiedad o prisa, permitiendo centrarnos en hacer total conciencia en lo que estamos viviendo, evitando la dispersión, que nos aleja de la unidad y la total concentración.

Hablar de dispersión se refiere a la distracción que resulta de realizar varias actividades al mismo tiempo: cocinar, escuchar música y hablar por teléfono, por ejemplo, impidiendo esta fórmula disfrutar una actividad a profundidad.

Recordemos, no es posible disfrutar las actividades o la existencia poniendo la atención en dos cosas, ya que la tranquilidad nos demanda la concentración en lo que estamos viviendo, a fin de disfrutar.

A partir de centrarnos en el principio de la unidad y hacer consciencia de la riqueza de la tranquilidad, nos podemos ayudar con los sentimientos aviso como son el dolor, el cansancio, la prisa, el enojo, el miedo y la angustia, sustentando todo esto con las actitudes de aprendiz y administrador de la vitalidad.

Toda la clave está en experimentar la tranquilidad como primer paso, comprendiendo que es un sentimiento de una vibración de tal magnitud que se manifiesta en el límite entre lo material y lo energético, por esto nos cuesta trabajo describirlo. De no experimentar con claridad la tranquilidad no tendrá sentido continuar con este aprender a educar la afectividad.

La tranquilidad es un sentimiento y por tanto el trabajo no está en buscar la tranquilidad, sino en fortalecer la actitud de la unidad o amor, ya que de esto brotará el sentimiento. De aquí la importancia de la concentración y evitar la dispersión.

Es fundamental comprender que el lenguaje emocional se sustenta en el experimentar, por esta razón este escrito no pretende ser simplemente leído, sino que está orientado a motivarte a que pongas toda la atención en el sentir, por un lado, la tranquilidad y por el otro las molestias que nos llevan al dolor y a la pérdida de energía que genera cualquier sentimiento desordenado.

No se pasa a ningún otro sentimiento si antes no se ha logrado una clara experiencia del dolor o cansancio, ya que todo sentimiento desordenado genera estas molestias, pues de lo contrario no podremos profundizar en los sentimientos aviso como la prisa, el enojo o la angustia, y continuaremos atrapados en las creencias que los generan, pues no logramos caer en cuenta que nos dañamos con esos sentimientos.

El dolor es un sentimiento básico del mundo emocional, ya que si el umbral del dolor se eleva, el ser humano pierde su capacidad de sentir la tranquilidad y la armonía, que son experiencias de vibración alta y, por tanto, poco materializadas. De aquí la importancia de destinar tiempos a poner toda la atención en el cuerpo para atender de inmediato cualquier manifestación ligera del dolor, a fin de ser súper sensibles a las sensaciones del dolor que se generan, ya sea por una situación física o por algún otro sentimiento, como el enojo.

El cansancio es un segundo sentimiento aviso que tenemos que trabajar. Es evitar la pérdida de energía, pues es el indicador de que estamos perdiendo vitalidad y por tanto alejándonos de la tranquilidad que demanda mucha vitalidad. Es poner atención a las molestias y a eliminar creencias, sustituyéndolas por el principio de la unidad; es vernos como una unidad de lo físico, lo emocional, lo conceptual y lo espiritual, fortaleciendo una salud integral. Con esto entenderemos por qué primero trabajaremos en la toma de consciencia del dolor, complementado con este sentimiento.

La prisa es el tercer sentimiento que tenemos que trabajar. Se trata de liberarnos del tiempo como el eje de la existencia y no como un medio para organizar la vida. Nos habla de que no estamos disfrutando la vida cotidiana, por estar fincados en el hacer para tener, mientras que el tener debería ser visto como un medio para vivir en la tranquilidad, disfrutando la existencia que es dinámica y cambiante. La vida es un continuo movimiento donde jamás regresará lo vivido, lo despreciado y lo ignorado, pues la tranquilidad no llega a partir de cosas externas. Recordemos, el lenguaje emocional se finca en sentir, no en pensar o analizar, y la felicidad es sentir y la generamos nosotros, no está en el exterior, en las cosas, o en el semejante; sino en mi interior.

El enojo es un sentimiento que brota de las creencias de manera directa, ya que inicia en una lucha de ideas al no querer entender o aceptar lo que estamos experimentando. Este sentimiento nos ayuda a liberar las creencias por el principio de la unidad y el fortalecimiento de la grandeza de la tranquilidad, contra las alteraciones que afectan directamente al corazón y a todo el organismo. Es tratar de unir lo que piensa la cabeza con el dolor que le provoca al cuerpo entero. Por esto, es primero identificar lo que sentimos con el enojo, qué partes del cuerpo se contraen y donde nos generamos dolor, y en seguida poner atención a la lucha interna de las ideas que tratan de justificar la razón por la cual nos enojamos. Por ejemplo, nos enojamos porque el marido llega tarde y no tiene la delicadeza de avisarnos, pues no podemos estar en paz. Esta creencia de control, primero es identificar lo que hace al cuerpo. El siguiente paso es potencializar el malestar a fin de que la cabeza y el cuerpo aprendan que no es el hecho, sino la manera como interpretamos. Razón por la cual estamos alterados. Para esto exageramos la creencia: dejamos de alterarnos porque no avisa que llegará tarde sino que seguramente ya tiene una amante. En seguida, al modificar la idea experimentaremos más presión y dolor en el cuerpo, elevamos el malestar.

Este juego de incrementar la creencia del control o propiedad a un nivel más drástico nos permitirá experimentar de manera vivencial cómo nos lastimamos, identificando de esta manera que no es el hecho sino la creencia sobre el hecho, la que nos genera el malestar, pues olvidamos que la relación de pareja es voluntaria y demanda el cultivo del enamoramiento, mediante la comunicación de los sentimientos, lejos de una relación dependiente.

El miedo es un sentimiento que nos invita a aprender, pues al sentirlo se agudizan los sentidos con la finalidad de no perder la tranquilidad. Tenemos que modificar las creencias de la seguridad, pues la vida nos lleva a desarrollarnos en lo desconocido, invitándonos así a cultivar la actitud de aprendiz.

La angustia es el sentimiento que brota al querer solucionar algo que no está en nuestras manos y nos lleva a una situación verdaderamente incontrolable que nos genera total decepción. En su extremo, lleva al suicidio. Por esta razón, necesitamos hacer consciencia de que la vida en este mundo es temporal y que tenemos a un Dios que es un padre amoroso, que nos acompaña y nos ha dado un ángel de la guarda. De no cultivar la espiritualidad, este sentimiento nos destruirá.

EN SÍNTESIS

La acción para educar la afectividad se basa en fortalecer el principio de la unidad con base en las necesidades básicas, como son en lo físico, lo emocional, lo conceptual y lo espiritual, a fin de generar la experiencia de la tranquilidad, que se manifiesta en ligereza y concentración, permitiéndonos aprender a disfrutar la existencia.

El poner atención en los sentimientos de dolor y cansancio y al experimentar la molestia que todo sentimiento desordenado genera, nos lleva a fortalecer la sensibilidad para poder tomar consciencia de cómo nos autodestruimos, cuando nos desviamos de la tranquilidad, y nos dejamos llevar por las creencias.

Descubrir con claridad las creencias que nos impiden disfrutar la vida es parte de nuestro trabajo permanente.

La clave del lenguaje afectivo está en aprender a sentir desde la experiencia de la unidad.

FILOSOFAR, AUTOCONOCIMIENTO, TIEMPO Y ESPACIO

¿Qué significa filosofar?

El objetivo de la filosofía es comprender la existencia; por tanto, autoconocerse es filosofar. Sin embargo, por efecto de la visión filosófica griega, nos perdimos más en descubrir la verdad que en entender la vida humana. Cuando se nos habla de filosofía, generalmente se nos presenta la historia de la filosofía racional, ignorando otras corrientes, como la filosofía vitalista. De aquí la utilización de términos sofisticados como ser, esencia o verdad, ya que todo gira en relación con la definición de conceptos y no con la existencia.

Sócrates manifestó claramente su desacuerdo con orientar la filosofía a la búsqueda de la verdad y no a la comprensión de la existencia. Con el tiempo, terminamos identificando la realidad con los conceptos y pretendiendo controlar la vida desde el pensamiento, despreciando la manera natural de aprender mediante los siete sentidos y la experiencia.

La educación se redujo entonces a repetir conceptos, lejos del experimentar; pues solo así se aprende verdaderamente. El punto de partida no está en el pensamiento, sino en el sentir, que genera una experiencia de la cual nos apropiamos mediante los sentidos.

La vida se siente, la felicidad se siente, la espiritualidad se siente, el enamoramiento y el cariño se sienten. Somos más seres sintientes que pensantes. El pensar adquiere sentido cuando parte de la experiencia cotidiana vivida con consciencia, pues la consciencia es apropiarse de la experiencia desde la comprensión existencial y no solo conceptual.

¿Qué significa autoconocerse?

Autoconocerse es filosofar. Es trabajar en entender el lenguaje de nuestra naturaleza humana, que comprende lo físico, lo emocional y lo espiritual. El ser humano es una unidad y, por tanto, la forma en que vivimos termina manifestándose en nuestro cuerpo, en nuestros sentimientos y en nuestra vida espiritual.

De aquí la importancia de comprender el lenguaje emocional, que no se reduce a los sentimientos, sino que abarca la manera en que nos acercamos a la realidad. Se trata de pasar de las creencias a los principios, reconociendo que somos seres en continuo crecimiento y evolución, lo que nos demanda flexibilidad y creatividad para encontrar soluciones que nos conduzcan a una salud integral y al disfrute de la existencia.

Todo ello exige una adecuada administración de la vitalidad. De poco sirve contar con principios si no aprendemos a generar y administrar nuestra energía. La tranquilidad y la armonía demandan vitalidad, pues son senti-mientos expansivos que nos permiten ver los acontecimientos como oportunidades para crecer, en lugar de interpretarlos desde lo bueno o lo malo, o desde una visión trágica de la vida.

El lenguaje emocional termina expresándose mediante sensaciones y sentimientos, estableciendo así una comunicación con nuestra naturaleza. Apropiarnos de este lenguaje es apropiarnos de nosotros mismos.

Autoconocerse no es construir una imagen idealizada, sino aprender a escuchar nuestra naturaleza y dejarnos guiar por ella.

La experiencia del tiempo y el espacio

El aprendizaje del lenguaje afectivo también transforma nuestra manera de habitar el mundo. Aprendemos a relacionarnos con el tiempo ya no desde la prisa, sino desde el disfrute de las actividades; y con el espacio ya no desde el encierro, sino desde la unidad con nosotros mismos, con la comunidad y con la naturaleza.

Dentro de esta metodología es importante reconocer que tanto el tiempo como el espacio son comprendidos de una manera distinta a la habitual. Así como hemos aprendido a reinterpretar los sentimientos, pasando de las creencias a la experiencia, también necesitamos revisar nuestra manera de entender el tiempo y el espacio, pues ambos influyen directamente en la posibilidad de vivir con tranquilidad y armonía.

Espacio

Necesitamos cambiar nuestra interpretación del espacio, ubicándonos desde la unidad. Todo ser genera un espacio. El ser humano cuenta con el sentido de la posición, que fundamenta nuestra característica de seres de comunidad. Nuestra necesidad de espacio va más allá del cuerpo, pues necesitamos sentirnos libres para vivir en tranquilidad y armonía.

El niño demanda inicialmente un espacio amplio para desarrollarse y evitar la sensación de encierro. Poco a poco, conforme crece en la vida interior, puede habitar espacios menores sin perder su sensación de libertad. Sin embargo, siempre necesitará sentirse libre para no vivir en tensión y para poder experimentar la soledad, es decir, el encuentro consigo mismo.

Por ello, el espacio no existe simplemente por sí mismo, sino que se comprende en relación con la vida y con la manera como la habitamos.

Tiempo

El tiempo brota de nuestra realidad dinámica y cambiante. Toda actividad posee su propio ritmo y su propio tiempo.

Aprender a vivir consiste en respetar los tiempos de las actividades, en lugar de imponerles tiempos ajenos que terminan generando prisa y alteración. Se trata de acercarnos de manera amable a cuanto realizamos, disfrutando el proceso y no solo el resultado.

Así como sucede con el espacio, el tiempo adquiere sentido a partir de la vida misma y de la manera como nos relacionamos con ella.

Reflexión final

Espero que estas reflexiones sobre el lenguaje afectivo contribuyan a tu proceso de auto-conocimiento y te ayuden a apropiarte de la vida.

Que aprendamos a reconocernos como hermanos y habitantes de este mundo, capaces de saborear la existencia, vivir en armonía con nosotros mismos y con cuanto nos rodea, y construir comunidades de sabios.

Solo aquello que somos capaces de nombrar
y experimentar tiene el verdadero poder
de transformarnos.

SOBRE EL AUTOR

Luis Brito y Zaragoza nació en la ciudad de Puebla en 1946. Realizó sus estudios básicos en los Legionarios del Campo y cursó la secundaria y preparatoria en el Instituto Oriente, dirigido por los jesuitas. En 1964 ingresó a la Compañía de Jesús, donde estudió Filosofía y Letras, y posteriormente cursó la Licenciatura en Sociología en la Universidad Iberoamericana.

Desde 1969 inició un trabajo de desarrollo humano con comunidades campesinas del estado de Guanajuato, experiencia que marcó el inicio de una investigación orientada a comprender los procesos de toma de conciencia y las formas culturales de las comunidades rurales. Más adelante, continuó estudiando el fenómeno de la migración y profundizando en la riqueza de la cultura campesina mexicana.

A partir de 1985 comenzó un trabajo de acompañamiento y formación sobre la vida en pareja y el desarrollo humano en las ciudades de San Luis Potosí,

León, Irapuato y Aguascalientes. Fruto de más de cuatro décadas de experiencia con personas, familias y comunidades, desarrolló una propuesta de autoconocimiento y educación afectiva que hoy se conoce como Método Britto.

Entre sus publicaciones destacan *Los campesinos, otra cultura* (1988), *Sexualidad y vida interior* (1996), *La pareja feliz* (2000), *Aprendiendo a vivir en pareja* (2006), *¿Qué onda con la Biblia?* (2013) y *La espiritualidad cristiana* (2023).

El autor continúa compartiendo esta propuesta mediante entrenamientos y espacios de formación orientados a aprender a sentir, fortalecer el auto-conocimiento y desarrollar una vida más consciente.

Para mayor información:
Correo electrónico:
librito@hotmail.com

Facebook:
Luis Brito

Método Britto | *Siente y deja de sabotearte*,
se terminó de editar en la ciudad de San Miguel de Allende,
Guanajuato, en el mes de mayo de 2026.
Para interiores se usaron las familias tipográficas
Bebas Neue y Baramond.

Su impresión es bajo demanda.
Disponible en Kindle

ÁGATA
LIBROS